외로운 사람들을 위한 정치 수업

외로운 사람들을 위한
정치 수업

이인미 지음

HANNAH
ARENDT

한나 아렌트,
성난 개인들의 시대에서
인간성 회복의 정치로

위즈덤하우스

일러두기

- 외래어 인명과 지명은 국립국어원 표준국어대사전의 외래어 표기법 및 용례를 따랐다. 단 표기가 불분명한 일부는 실제 발음을 따라 썼다.
- 본문에서 언급된 도서명 중 국내에 번역 출간된 것은 한국어판 제목을, 그 외의 것은 한국어 가제와 원제를 병기했다.
- 한나 아렌트 저서의 인용문 중 출처로 원제만 밝힌 것은 원서를 직접 번역한 것이다. 이 경우를 포함해 인용문의 출처가 되는 모든 저서의 판본은 후주에서 밝혔다.
- 라틴어는 기울임체로 병기했다.

프롤로그

외로움이 정치를 만날 때

외로움은 혼자 있음과 같지 않다. (…) 혼자 있음은 외로
움이 될 수 있다. 단 혼자 있는 와중에 자기가 자기 자신
에게 버림받을 때 그런 사태가 일어난다.

The Origins of Totalitarianism, p.476.

문제없는 인간은 없다. 때로 문제없다는 듯 행동할 수는 있
다. 문제를 대수롭지 않게 여기는 일도 가능하다. 아예 문제
를 못 느끼는 경우도 분명 존재한다. 하지만 문제는 우리 모
두에게 있다. 어떤 이가 스스로 완벽하다고 여겨 자신에게
정말로 문제가 하나도 없다고 자부한다면, 어쩌면 그 사람
자체가 문제일지 모른다.

　　인간이 겪는 문제 중에는 자아의 경계 밖에서 훅 들어오
는 괴롭힘 같은 것도 있고, 자아의 경계 안에서 쑥 올라오는

우울감 같은 것도 있다. 그러나 따지고 보면 모든 문제는 결국 내 문제다. 남이 부과한 것인지 내가 자초한 것인지 따지기 시작하는 순간부터, 그 문제는 이미 내 문제가 된다.

그중 '외로움'이라는 문제가 있다. 외로움은 개인적인 문제 같지만, 그렇게만 보기 어려운 점도 있다. 사회적·정치적 문제들과 복잡하게 얽혀 있는 까닭이다. 오늘날 외로움은 사회 곳곳에서 일어나는 여러 문제에서 기원하거나, 또는 그런 문제들을 파생시키는, 가장 깊고 굵은 뿌리일지 모른다.

2018년 영국 정부는 '외로움부Ministry of Loneliness'를 신설하고, 해당 부서의 장을 체육및시민사회부 장관이 겸직하도록 했다(실질적으로는 차관보급 직무).[1] 국가 차원에서 공적으로 외로움이란 문제를 다루기로 의지를 표명한 최초의 사례다. 2021년에는 일본 정부가 저출산대책회의 담당 대신(장관)에게 고독고립대책회의 담당 대신을 겸임하도록 조치했다. 이로써 두 섬나라 모두 외로움 문제를 공적 영역으로 끌어올렸다. 다만 아쉽게도 해당 각료들의 정치적 영향력이 그리 두드러져 보이지는 않는다. 개인들의 외로움이 사회 전반에 미치는 파장에 관한 성명을 때때로 발표하는 정도인 듯하다.

한나 아렌트는 제2차 세계대전 직후인 1950년대 초에 외로움의 문제를 정치의 차원에서 깊이 성찰한 정치사상가다. 아렌트는 외로움의 문제를 무려 '비非전체주의 세계에 사는 사람들이 히틀러나 스탈린 같은 전체주의 지도자를 맞이할 자세를 갖추게 되는' 계기로 풀이한 바 있다. 하지만 아렌트는 '혼자 있음solitude'과 '외로움loneliness'을 섬세하게 구별한다. 혼자 있음 자체는 딱히 문제가 아니다. 혼자 있으면서 잠깐씩 외로울 수는 있다. 문제는 외로움이 '매일매일의 경험'이 되어버린 오늘날의 대중사회, 바로 그것이다.

외로움을 이야기한 정치사상가

아렌트는 나치 집권기에 쫓기듯 독일을 떠나 미국으로 건너가 살다가, 1975년 10월, 그러니까 20세기 중후반에 세상을 떠났다. 이후 1990년대 들어 아렌트 서거 20주기를 전후해 불현듯 유럽과 미국을 중심으로 '아렌트 르네상스', 또는 '아렌트 컬트cult'라는 현상이 일어났다. 이는 일시적 현상이 아니어서 21세기인 현재에도 아렌트는 여전히 주목받고 있다. 정치적으로 역동적인 우리나라의 경우, 아렌트에 관심을 품은 이들이 이미 제법 많은데, 시나브로 늘어나는 추세다. 아렌트는 현실정치에 참여하지 않았고, 정치철학자라기보다는 정치이론가를 자처했다. 그렇지만 민주주의적 교양의 본

질과 시민 정치의 원천을 복잡하고 다채로운 실제 사회 현
실 위로 끌어올려 독특하고 묵직하게 다뤄낸 정치철학자로
평가받는다.

　현실을 직시하고자 노력했던 아렌트가 우리 시대를 본
다면, 그 특징으로 외로움을 꼽을지 모른다. 우리는 무역, 군
사, 인권, 환경 등 온갖 분야에서 국내 정치와 국제 정치가
복잡하게 얽히고설킨 시대를 살고 있다. 자연스레 시민들의
활동이 매우 중요하다. 하지만 공교롭게도 바로 그 시민들
이 외롭다. 날마다 일상적으로 외롭다. 외로움을 해결하고
자 전화도 걸어보고, 문자도 날려보고, SNS에도 들락거리지
만 무언가 부족한 느낌에 상심하고 만다. 때로는 집 안에 틀
어박혀 은둔형 외톨이처럼 지내고, 때로는 모임에 나가 화
기애애한 분위기를 내심 어색해하다가 자기도 모르게 성질
을 부린다. 그럴 때면 "분노 조절이 좀 안 되어서요"라고 해
명하기 바쁘다. 유령 같은 외로움이 우리 곁을 배회하는 것
같다. 무기력한, 고립된, 성난 개인들이 곳곳에서 발견되는
시대, 아렌트의 정치이론은 어떤 통찰을 건넬까.

　앞으로 계속 강조하겠지만, 정치에 대한 통찰은 인간에
대한 통찰과 다르지 않다. 그래서 정치는 인간이 문제 삼는
것을 다룬다. 만일 인간이 외로움을 문제 삼는다면, 정치도
외로움을 문제 삼는 게 옳다.

《인간의 조건》부터 《전체주의의 기원》까지

이 책은 '외로운 사람들을 위한 정치 수업'을 표방한다. 이 정치 수업은 알파부터 오메가까지 아렌트의 정치사상으로 가득하다. 아렌트는 모든 개인이 일상적으로 외로움에 시달리는 이 시대를 성찰하고 체험하며 행동하자고 요청한다. 건강과 안전을 위해 각자도생하느라 지치고 성난 외톨이들이 배회하는 우리 시대를 향해 판단과 소통, 협력과 사랑을 권한다. 외로운 사람들을 향한 보살핌일 수도 있고 깨우침일 수도 있는 본격 정치 수업을 아렌트는 80여 년 전에 벌써 시작한 셈이다.

이러한 앞섬 때문에 어렵다는 일반적인 평가에도 불구하고, 많은 이가 여전히 아렌트를 찾는다. 아렌트에게서 인간과 정치에 관한 무언가 아주 본질적인, 그러면서도 현실적인 통찰을 얻고 싶기 때문일 테다. 그리하여 어느덧 2023년 현재 국내에 번역된 아렌트의 저서는 총 열여섯 권에 달한다.

이 책은 바로 그중 열다섯 권을 섭렵하는 것을 목표로 한다.[2] 단순히 각 권의 개요와 대강의 줄거리를 나열하려는 것이 아니다. 우리 사회에서 포착되는 문제들을 크게 다섯 가지로 구분한 다음, 그 문제들에 접근할 때 함께 읽으면 좋을 아렌트의 저서들을 안내하는 작업에 가깝다. 쉽게 말해 현재 우리가 목도하고 있는 문제들과 한판 씨름을 벌일 때 아렌트와 같은 편이 되어보자는 제안이라고 할 수 있다.

따라서 이 책은 현실을 떠나 초연히 사색에 잠기는 현학적·명상적 철학과 거리를 둔다. 오히려 읽는 이를 몹시 성나게 할지라도 지금의 우리 사회와 자기 자신을 똑바로 바라보자고 자극할 것이다. 그런 점에서 아렌트가 자신의 이론 체계 전체를 통해 강조하고 또 강조한 '알짬'을 따른다고 자부할 만하니, 바로 '정치적 삶'이다.

다섯 가지 문제

이 책은 정치적 삶에서 풀어야 할 다섯 가지 문제를 다룬다. 첫 번째 문제는 인간이다. 인간적인 삶을 고민한 아렌트는 "인간은 비록 누구나 죽어야 하지만, 누구도 죽으려고 태어나는 것이 아니라 새로 시작하기 위해 태어난다"라고 선언한다.[3] 아렌트에 따르면 인간은 자유롭게 '행위'할 수 있을 때 인간답게 산다고 느낀다. 이때 자유는 '내 마음대로', '내 멋대로'의 의미가 아니다. '풀려나다', '벗어나다'의 뜻도 딱히 아니다. 자동적·기계적·안정적인 현상 유지 상황을 깨뜨리고 틈을 내어 나만의 새로운 것을 시작하는 일. 그것이 자유의 본뜻이다.

두 번째 문제는 정치다. 아렌트는 정치를 위협하는 성난 개인들의 탄생 경로를 추적한다. 여기서 성난 개인들이란 일반적 의미의 시민, 서민, 대중, 민중, 백성people이 아니다. 사실인즉 그들은 외로운 사람들이다. 외로움에 빠져 죽지 않기 위해 지푸라기라도 잡듯, 단순명료한 구호 아래 집결, 또는 동원되기를 갈구하는 사람들이다. 아렌트는 그들을 폭민mob으로 칭하며 나치 체제나 스탈린 체제 같은 전체주의 체제와 연결한다. 그들은 곳곳에서 대규모 집회를 열기 때문에 얼핏 정치를 하는 듯 보이지만, 사실은 정치를 질식시킨다. 또 그중에는 무기력하고 우울하게 지내는 이들과 분노를 잘 조절하지 못하는 이들이 섞여 있다. 이러한 모습은 그들 개인의 잘못이라기보단 사회와 상호 작용하는 가운데 생겨난 안타까운 특질이다. 그 안타까운 특질이 자칫 전체주의로 전개되지 않도록 하는 것이 '정치'를 문젯거리로 깊이 생각하는 이들의 '사명'일지 모른다.

세 번째 문제는 공동체다. 사람은 혼자 살지 못하고, 실제로 혼자 살지 않는다. 아무리 1인 가구라 할지라도 로빈슨 크루소 같은 이가 아닌 이상, 최소한 한 명 이상의 이웃과 함께 살아간다. 그 이웃들과 나는 공동체를 이룬다. 내 자발적 결정으로 기꺼이 소속된 공동체도 있고, 비자발적으로 흡수된 '어쩌다 공동체'도 있다. 공동체에는 당연히 여러 사람이 속한다. 그렇다면 내가 속한 공동체를 지금보다 좀 더 나은 곳으로 만들려면 나는 어떻게 살아야 할까. 다른 사람들은 어떻게 살고 있을까. 이 책 3장은 공동체가 겪는 여러 현상을 다루는데, 혁명, 폭력, 시민불복종, 거짓말, 공공성 등과 관련된다. 아렌트는 더 나은 공동체를 만들기 위해서는 구성원들이 공익 대신 공공성을 갖춰야 한다고 설명한다. 공익은 이익에 관심이 크지만, 공공성은 이익에 관심이 없다. 공공성은 칸트가 굉장히 중요하게 다룬 개념이기도 한데, 이는 언론의 자유와도 관계가 깊다. 언론사의 자유가 아니고 언론의 자유다.

네 번째 문제는 이해다. '이해하기'는 아렌트의 정치 방법론이라고 해도 무방하다. 이해하기는 두 가지 특징을 지닌다. 첫째, 이해하기는 결론을 염두에 두지 않는다. 그래서 수많은 생각을 다수결이 포함된 다소 투쟁적 방법으로 조율해 합리적 결론을 내리는 토론과 다르다. 공감과도 다르다. 이해하기는 '그때 그럴 수 있었지' 하며 있는 그대로 인정하는 활동이다. 그렇다고 해서 무마하거나 두둔하는 것은 아니다. 예를 들어 우리는 거짓말하는 사람을 대할 때 그를 두둔하지 않으면서도 거짓말하게 된 개인적 이유나 상황적 맥락 자체는 이해할 수 있다. 둘째, 이해하기는 내 경험을 절대화하지 않는다. 내 경험에 절대적·보편적·초월적 권위를 부여하는 활동과 거리를 둔다. 동일한 상황을 달리 경험하는 일이 얼마나 많은가. 비근한 예로 같은 부모 밑에서 자랐으면서도 맏이는 엄격한 부모로, 막내는 푸근한 부모로 회상하는 경우를 쉽게 찾아볼 수 있다.

다섯 번째 문제는 세계다. 나는 세계를 내 삶의 배경으로 해 살아간다. 이 세계에는 주연인 나 외에 수많은 조연이 존재한다. 그런데 나는 내 삶에서는 주연이지만, 타인의 삶에서는 조연이다. 심지어는 아예 등장하지 않을 수도 있다. 따라서 누구든 자기 인생에서 자기가 제일 중요하다고 해서, 타인의 인생에서도 자기가 중요하리라고 생각해선 안 된다. 하물며 전 세계 사람들의 인생에 내 인생을 견준다면? 나아가 전 세계 생명체들의 일생에 내 인생을 견준다면? 나는 작디작은 존재로 느껴질 것이다. 반대로 그렇다면 나는 먼지 같은, 하등 보잘것없는 존재에 불과한가. 아니다. 내가 세계를 적합하게 사랑할 때, 나는 세계 속에서 당당히 살아갈 수 있다. 세계만큼, 지구만큼 커지지 않아도 넉넉히 세계를 품을 수 있다.

외로움의 망망대해에서 인간다운 삶을 향해

밤하늘을 올려다보라. 반짝이는 수많은 별이 날마다 달마다 해마다 자기 위치를 바꾸며 빙빙 도는 것을 볼 수 있다. 그렇지만 붙박이별(북극성)은 그렇지 않다. 붙박이별은 닻별(카시오페이아자리)과 길잡이별(국자별, 북두칠성) 사이에 있으며, 제일 밝은 별은 아니지만 항상 같은 자리에서 반짝인다. 붙박이별 덕분에 여행자들, 특히 망망대해를 여행하는 뱃사람들이 길을 잃지 않는다.

아렌트의 넓디넓은 사유에도 붙박이별이 있다. 그리고 그 붙박이별을 찾기 쉽게 해주는 이웃 별들(닻별, 길잡이별)이 있다. 이 책은 바로 그런 별들의 위치를 가리킨다. 그 별들을 발견한 순간 나는 아렌트 이해에 성큼, 바짝 다가서는 경험을 했다. 그러면서 아렌트의 여러 저서를 훨씬 쉽게 그리고 한층 빠르게 읽어나갈 수 있었다. 그 경험을 나누고 싶다.

아렌트 연구자로서 나는 아렌트를 되도록 쉽게 전달하고자 한다. 이 세상에서 아렌트의 이론을 제일 완벽하게 이해한 사람으로 나 자신을 드높이기 위함은 아니다. 다만 여러 외로운 사람들과 함께 아렌트가 말한 정치를 배우고 싶을 따름이다. 바라기는, 내가 아렌트의 사상체계 안에서 발견한 닻별, 길잡이별 그리고 붙박이별을 다른 이들도 발견

하면 좋겠다. 그리하여 아렌트 저서를 읽는 독자들이 지금
보다 더 많아지고, 그 결과 정치의 본질에 대해 허심탄회하
고 자유롭게 이야기 나누는 시민들, 정치에 눈 맑고 귀 밝은
시민들이 가득해지기를 소망한다.

　일상화된 외로움이 배회하는 시대, 성난 개인들이 돌출
하는 시대 한가운데서 각자도생하느라 우리는 대체로 힘겹
다. 이 망망대해에서 길을 잃고 표류하다가 난파당할까 봐
두렵다. 도대체 어떻게 살아야 할까. 무엇으로 살아야 할까.
어떤 돛을 달아야, 어느 방향으로 키를 잡아야, 또 어떻게 노
를 저어야 인간다운 삶을 향해 순탄히 나아갈 수 있을까. 아
렌트는 우리의 귓가에 속삭인다. 돛도, 키도, 노도 모두 '인간
성 회복의 정치'라고.

2023년 10월
이인미

차례

사유하는 사람은
고독하지만
홀로 있지 않다

1장

•

인간이라는 문제

무엇이 인간을
인간답게 하는가

나는
로봇이
아닙니다

인터넷 사이트에 가입할 때나 비밀번호를 재설정할 때 간혹 뜨는 '로봇이 아닙니다I'm not a robot'라는 문구 옆 빈칸에 체크해본 적이 있을 것이다. 이후 뒤따라 나오는 사진 중 지시에 따라 몇 장을 고르는 간단한 행동이 어떻게 나를 인간으로 입증한다는 것인지, 잠시 생각해보면 기특⋯ 하기보다는, 기괴하다. 추측건대 아마 특정 행동을 기계적으로 반복하지 않는다는 데서, 다시 말해 컴퓨터 같은 기계가 그러하듯이 특정 공식을 따라 예측 가능하게 행동을 산출하지 않는다는 데서 인간이란 사실이 증명된 게 아닐까 싶다. 어쨌든 로봇이 아니어야 나는 인간이다.

마찬가지로 인간은 식물이 아니며, 일반적 의미의 동물 (물고기, 날짐승, 들짐승 등)도 아니다. 인간은 다른 동물들과 같지 않아서 인간이다. 그렇다면 여기서 '흔한' 물음 하나가 떠오를 것이다. 로봇도 아니고 동물도 아닌, 인간임을 확증해주는 특징이나 속성, 다시 말해 인간의 '인간다움'이란 과연 무엇을 가리키는가.

어떤 이들은 '생각하기'가 인간다움이라고 주장한다. 그런데 텔레비전에서 강형욱 반려견 훈련사가 출연하는 프로그램을 한 번이라도 본 사람이라면, 교육받는 강아지가 생각하는 모습을 목격한 적이 있을 것이다. 강아지가 고개를 갸우뚱하거나 이제까지 반복적으로 해오던 행동을 문득 중단하고 머뭇거리면, 훈련사는 "지금 이 친구는 생각하고 있는 거예요"라고 설명한다. 실제로 생각하고 행동하는 과정에서 강아지는 훈련사의 의도를 알아챈다. 강아지는 생각을 거듭하는 동안 자신의 거칠고 무례한 행동을 스스로 교정한다. 때맞춰 훈련사가 간식을 주면 더 잘 생각하고, 더 빠르게 교정한다.

생각하기는 인간만의 속성이라기보다는, 최소한 인간과 강아지가 공유하는 속성으로 볼 수 있다. 둘러보면 생각하는 동물은 강아지 말고 더 있다. 침팬지, 고릴라, 돌고래, 코끼리 등은 물론이고, 맹수류나 맹금류 중에서도 자기의 즉각적인 본능을 넘어 생각하고 주변 상황을 침착하게 고려한 다음 신중하게 행동하는 동물들이 제법 있다.

동물도 생각하고 공감한다

인간만의 고유한 속성으로 어떤 이들은 '공감하기(감정이입)'를 강조한다. 공감하지 못하는 사람을 두고 '비인간적인', 또는 '짐승 같은'이라는 표현이 아낌없이 쓰인다. 그러나 이를 반증하는 사례 또한 실로 엄청나게 많다. 먹이를 독차지할 수 있는 민무늬 손잡이와 동료와 나눠 먹을 수 있는 줄무늬 손잡이를 학습한 쥐는 후자만 주야장천 당긴다. 먹이가 나오는 손잡이를 당긴다면 그 즉시 동료가 고통당하도록 설계된 실험에서 원숭이는 자신이 굶더라도 손잡이를 당기지 않는다. 어떤 갸륵한 원숭이의 경우 그렇게 배고픔을 참고 또 참으며 버틴 시간이 무려 12일이다. 세계적인 영장류학자 프란스 드 발Frans de Waal이 쓴 《공감의 시대》에 나온 내용이다.

그뿐인가. 길을 건너다가 차에 치여 다치거나 죽은 동료를 향해 울부짖는 동물의 모습이 담긴 영상들이 유튜브나 인스타그램에 하루가 멀다고 올라온다. 그 영상들에서 동물의 감정은 매우 사실적으로, 아니 감동적으로 표현된다. 그

들의 슬픔이 보는 사람들에게 강렬히 전달된다. 부드러운
육질 때문에 아주 어린 나이에 도살당하게 된 송아지의 운
명을 안타까워하는 어미 소의 이야기도 글, 그림, 영상을 통
해 누구나 한 번은 접했을 것이다. 동료애는 물론이고, 어린
자녀의 아픔과 고통에 공감하는 모성애와 부성애는 인간의
전유물이 아니다. 덫에 걸린 사자를 도와주었더니 몇 년이
지났는데도 그때 일을 기억하고 멀리서부터 달려와 안기는
유명한 영상은 또 어떤가. 사자의 요란한 동작을 보는 순간
뭉클한 감동이 밀려온다. 따라서 공감력도 몇몇 종의 동물
과 인간이 공유하는 속성으로 볼 수밖에 없다.

'행위'하는 동물, 인간

그렇다면 인간만이 지니는 고유한 인간다움이란 무엇인가.
설마 없는 것인가. 없을 리 없다. 분명히 있다. 아렌트는 그
것을 '행위action'에서 찾는다. 행위는 아리스토텔레스 철학
전통에서 나오는 용어 '정치적 동물zoon politikon, political animal'의
계보를 잇는 개념이다.

  아렌트에 따르면 행위는 신체적 욕구를 표현하거나 충
족하기 위해 취하는 간단한 움직임을 가리키지 않는다. 붙

잡거나 내려놓거나 걷거나 멈추는 등 분절되고 반복되는 단
순한 동작들은 행위가 아니다. 행위는 자신의 의도와 결과
를 따지고 헤아리고 내다보는 가운데 음성언어와 몸동작을
의도적으로, 또 자발적으로 구성해 특정한 타인(들) 앞에서
표현하는 것을 뜻한다. 행위는 일상적 행동behavior과 다르다.

　행위는 기본적으로 한자리에 모여 각자 의견을 주장하
고, 그 의견을 겨루는 활동을 가리킨다. 각종 미디어가 활성
화된 현대사회에서는 사람들이 꼭 한자리에 모이지 않고서
도 타인을 염두에 두고 '행해 보이는' 목적의식적 활동을 하
는데, 바로 그런 활동이 행위다. 행위는 다른 동물들에게서
는 관찰되지 않는다.

　물론 우리는 조지 오웰의 《동물농장》에서 의인화된 동
물들, 가령 토론을 즐기고, 혁명을 의도하며, 의견을 개진해
영향력을 주고받는 동물들을 만날 수 있다. 하지만 그들이
현실에서도 그렇게 행위하는지는 과학적·생물학적으로 아
직 증명할 수 없다. 또한 역사에도 특정 동물종의 계획적이
고 집단적인 회합과 저항이 유의미한 기록으로 남아 있지
않으므로, 지금으로선 동물들이 행위하지 않는다고 잠정적
으로 결론 내릴 만하다.

　그렇게 보면 행위는 인간만이 지닌, 인간 고유의 특징이
다. 그 행위가 정치적 성격을 띤다는 전제하에서는 더욱 그

렇다. 아렌트의 개념 정의를 따르면 행위는 인간만이 할 수 있는 활동적 삶의 최정점이다. 인간은 음성언어와 표정과 몸짓을 의미 있게 연결할 줄 안다. 행위를 통해 신체를 보호하거나 소화하고 배설하는 등의 차원을 넘어서는 의미를 추구한다. 자신이 행위를 개시하기 전에 타인의 행위가 어떠했으면 좋겠다든지 하는 식으로 기대할 줄도 안다. 때로 잘못 예측하기도 하지만, 특정 행위와 그 파장을 자기 나름대로 예상하고 수위와 범위를 조정하는 경우도 있다. 인간은 일상적 협의나 토론뿐 아니라 정치적 의견을 표명하는 용도로 행위를 활용한다. 이러한 인간의 행위(언어를 포함)가 아렌트의 《인간의 조건》에 가득 예시되어 있다. 그런 의미에서 《인간의 조건》을 '행위의 책'이라 불러도 괜찮지 않을까.

인간만이 지닌
인간 고유의 특징,
행위.

The Human Condition, 1958

사회적 동물에서
정치적 동물로

《인간의 조건》은 아렌트의 정치이론을 담은 대표작 중 하나다. 이 책에서 우리는 정치적 의미로 새롭게 사유해 마땅한 개념어 사용의 변천사를 접하게 된다. 그중 하나가 '사회'와 관련된 것으로 '인간은 사회적 동물'이란 명제다. 서양에서 이는 중세 이후 널리 퍼졌는데, 인간 사회가 역사적으로 변화해가는 와중에 고대부터 전해 내려온 '인간은 정치적 동물'이란 명제가 확대 해석되며 파생되었다는 게 아렌트의 설명이다.[1]

아리스토텔레스가 창시한 '정치적 동물'이란 개념은 인간의 삶을 '공public'과 '사private'로 선명하게 양분한 고대에 최초로 만들어졌다. 공적 영역은 폴리스가, 사적 영역은 가정이 대표했다. 사회적 영역이란 것은 아직 없었다. 아니, 엄밀히 말해 인식되지 않았거나, 굳이 분간되지 않았다. 그러다가 사람들이 사적 영역에서의 관심사(사유재산)를 공적 영역에서 주장하기 시작하면서부터 사회적 영역이 두드러지게 되었다.

민주주의 정치체를 출범시킨 고대 그리스에서 공적 영역과 사적 영역은 칼같이 구별되었고, 삶의 서로 다른 국면을 훌륭하게 대표했다. 공적 영역에서는 사람들이 타인의 명령에 일방적으로 예속되지 않았고, 타인을 자기의 명령에 일방적으로 예속시키지도 않았다. '정치'를 뜻하는 영어 'politics'의 어원이 된 정치 공동체 폴리스polis 안에서 사람들은 설득을 통해 인간관계를 맺고, 평등을 전제로 의견을 주고받았다. 반대로 사적 영역에서는 양육이나 교육의 필요에 따라 어른이 일방적으로 명령하는 경우가 흔했다. 사실 자녀에게 부모가 "일찍 자라", "공공장소에서는 예의 있게 굴어라"라고 명령하는 일은 사회화를 위해 꼭 필요하다. 가족 구성원 간의 통솔과 순종의 관계는 마냥 부정적인 것만은 아니다. 즉 폴리스에서는 평등을 반드시 고려해야 하지만, 가정에서는 불평등이 적절하게 나타나는 한 아무런 문제가 되지 않는다는 뜻이다. 비근한 예로 가정 내의 불평등은 으레 돌봄과 배려를 수반한다. 노인이나 장애인은 원하는 만큼 돌봄받을 필요와 권리가 있다. 무력한 갓난아기는 각별히 보살핌받을 필요와 권리가 있다. 초등학교 3학년짜리 어린아이와 생후 3개월짜리 아기에게 '평등한 환경'을 제공한다며 똑같은 식단, 똑같은 수저를 제공해서는 안 될 것이다.

평등과 자유의 공적 영역

사적 영역으로만 한정해 보면 인간의 삶은 필요에 따라 크고 작은 군집 사회를 이뤄 살아가는 다른 동물들과 비슷하다. 그러나 공적 영역에서 인간은 확실히 다른 삶의 양상을 드러내며, 독특한 삶의 구조를 형성한다. 공적 영역에 들어선 인간은 의젓하게 자기 의견을 개진할 줄 알고, 자기 생각을 언어로 표현할 줄 안다. 그리고 필요에 따라 의도적으로 상황과 형편을 변화시킨다. 때로 나와 남의 자유가 충돌할 때 '자유란 도대체 무엇이란 말인가' 고민하며, 자유의 의미를 파고들기도 한다.

    이때 인간은 행위를 통해 자기 자신을 정치적 삶의 주체로, 독립된 인격의 소유자로 만인에게 공개한다. 심지어 인간은 행위의 내용이 "오로지 '대상적'이고, 사물세계의 문제

에만 관심을 가질 때조차도 주체를 드러내"는데, 그 계시 활동이 행위다.[2]

아렌트에 따르면 공적 영역의 원형이자 모범은 폴리스다. 폴리스는 시민들의 평등과 자유를 기반으로 형성되고 유지되었다. 여기서 평등이란 폴리스에 들어선 모든 구성원의 자격이 n분의 1씩 평등하게 공유된다는 뜻이다. 그리고 폴리스가 내포하는 자유란 하고 싶은 대로 행위한다는 의미보다는, 모든 구성원이 자기 가정사에서 자유롭게 풀려난 인간임을 일차적으로 드러낸다는 의미의 자유다. 관련해 고대 그리스에서 여성이 폴리스에 등장할 수 없었던 것은 가정사에서 독립할 권리를 인정받지 못했기 때문이다. 여성을 가정사에 묶어두는 분위기는 고대뿐 아니라 중세, 근대에도 여전했다. 오늘날에도 몇몇 나라는 여성의 공직 진출을 허락하지 않는데, '여성=가정사'로 간주하는 사회적 관습이 결정적 원인 중 하나다. 아렌트는 모든 인간이 가정사에서 자유롭게 풀려나는 것을 정치적 활동의 선결 요건으로 본다.

국가는 왜 경제를 다루어야 하는가

어째서 사적 영역에서 자유롭게 풀려나야 공적 영역으로 들

어설 수 있다는 것인지, 아렌트의 폴리스 분석을 좀 더 따라
가보도록 하자. 사적 영역으로서 가정은 전前 정치적이고pre-
political, 전제적이다despotic. 가정은 삶의 직접적 필요와 신체
적 욕구의 충족을 목적으로 영위되는 공동 생활공간이다.
'홈 스위트 홈'은 안전과 휴식을 제공하는 곳이지, 의견과 설
득이 우선시되는 곳은 아니다. 가정은 혈연을 기반으로 하
는 경제 공동체다. '가정'을 뜻하는 그리스어 '오이코스oikos'
에서 '경제'를 뜻하는 영어 'economy'가 비롯된 것이 이를 방
증한다. 고대 그리스에서 가정은 폴리스가 형성되거나 유지
되는 방식과는 다른 방식으로 경제 공동체의 안전과 보전에
집중했다. 오늘날에도 가정은 경제적 문제를 다루는 최적의
공간으로 존재한다.

  가정 안에서 삶의 각종 필요와 신체적 욕구가 충분히 충
족되어야만 인간은 자유인이 되어 공적 영역으로 나설 수
있다. 이건 고대 그리스에만 해당되는 이야기가 아니다. 예
컨대 오늘날에도 먹고사느라 너무 분주하면 정치에 관심을
둘 여력이 없다. 또 자의로든 타의로든 집안일에 매어 있어
야만 하는 사람은 정치에 참여할 짬을 내기 어렵다. 하릴없
이 경제활동에 매몰될 수밖에 없는 환경에 처해 있는 사람
은 행위하고 싶어도 행위하지 못한다. 이러한 상황은 현대
의 민주주의 공화국들이 사회복지 제도를 갖추려고 애쓰는

이유가 되기도 한다. 경제적 걱정거리(생계 노동, 돌봄 노동 등)를 국가가 나서서 덜어주면 정치적 삶에서 소외되는 국민이 확실히 줄어들 수 있다. 그러면 시민들이 정치적으로 활발해진다.

　우리가 정치를 제대로 하기 위해서는 경제적 문제를 먼저 해결해야 할지 모른다. 아니면 경제적 문제를 해결하는 과정 자체를 정치 활동으로 삼을 수도 있다. 인간의 전체 삶에서 정치적인 것과 경제적인 것은 따로따로 전개되지 않는다. 물론 그렇다고 해서 정치적인 것과 경제적인 것이 두루뭉술하게 뒤섞여 운영된다고 오해해선 안 된다. 정치는 정치고 경제는 경제다.

경제적 걱정거리를
국가가 나서서
덜어주면
정치적 삶에서
소외되는
국민이 확실히
줄어들 수 있다.

The Human Condition, 1958

수고로운
노동이
복되다

사람은 매 순간 정치적으로 사는가. 꼭 그렇지는 않다. 그렇다면 정치적으로 살지 않는 순간, 다시 말해 행위하지 않는 순간에는 일상적 신체 활동 외에 어떤 활동을 할까. 일한다. 아렌트는 《인간의 조건》에서 '일'이라는 한 단어를 '노동labor'과 '작업work', 두 가지로 구별한다. 다소 막연하지만, 노동과 작업은 어쩐지 다른 듯한 '느낌적인 느낌'을 안겨준다. 아렌트에 따르면 인간이 하는 일은 그것이 '어떤' 일인지에 따라 노동, 또는 작업으로 구분된다. 그런데 노동이론가, 또는 공산주의 이론가 카를 마르크스는 두 개념을 혼용했다. 사실 그 전에 《국부론》의 저자 애덤 스미스가 먼저 혼용했다. 그렇다면 스미스가 처음인가. 아니다. 그보다 앞서 인간의 권리로 자유를 주장한 존 로크가 있었다. 이들 굵직한 세 명의 철학자는 노동에 작업을 귀속하는 형태로 두 개념을 혼용했으니, 그 의도와 결과는 노동의 표면적 지위 격상이었다.

아렌트의 표현에 따르면 세 철학자는 노동의 지위 상승에 차례대로 관여했다. 출생 연도가 대략 90년씩 차이 나는 세 사람은 노동의 지위가 점진적으로 상승하는 데 각자 한 단계씩 맡은 것처럼 보인다. 로크에서 시작된 노동의 지위 상승은 스미스를 거치며 확고해지고, 마르크스에 이르러서는 정점을 찍었다. 여기까지만 읽고 혹시 이런 질문을 떠올릴지 모르겠다. 아렌트는 노동의 가치가 격상되는 것을 불만스러워했나?

아니다. 아렌트는 노동의 지위 상승을 불만스러워하지 않았다. 다만 인류사에서 노동의 지위가 왜, 어째서 '상승을 위한 노력'이 별도로 필요할 만큼 '하강해 있었는지' 먼저 물었을 뿐이다. 이러한 문제의식에 천착한 아렌트는 마침내 마르크스 등장 이전의 인류사에서 상당 기간 노동이 과도하게 멸시되어온 핵심적 이유를 밝혀냈다. 아렌트가 추론한 이유는 노동이 인간의 생존과 직결되고, 심지어 자연 친화적이라는 것이었다. 생존에 직결되는 활동보다는 그러지 않은 활동을 더 고상한 것으로 쳐주는 스토아철학풍의 사회적 분위기 때문이었을까. 아니면 자연에서 독립하지 못한 동물적 존재가 아닌 자연 이상의 존재로 인간을 바라보고 싶은 사회적 공감대 때문이었을까. 유사 이래 노동은 참으로 끈질기게 오랫동안 천시되어왔다. 아마도 로크가 나타나기 전까지는.

노동 해방이라는 모순

인간은 두 가지 서로 다른 목적을 품고 일에 착수한다. 첫째, 생존하기 위해서다. 먹고살기 위해 하는 일이 노동이다. 둘째, 무언가를 창작하기 위해서다. 이때의 일은 작업이며, 작업자는 그 결과물로 자기의 고유한 인격을 드러내고 싶어 한다. 각각의 특징을 따라 편의상 별명을 붙이자면, 전자는 생계의 일(삶의 필연성), 후자는 인격의 일(인격의 독립성)이 될 것이다. 인격의 일은 예술가 정신과 관계된다.

　명확한 구분을 위해 토기장이의 예를 들어보겠다. 어느 토기장이가 가마에서 막 꺼낸 토기를 망치로 때려 부쉈다. 그릇으로 사용하는 데 아무런 지장이 없는데도 그의 눈에 아주 작은 흠이 보였기 때문이다. 이 행동에서 우리는 그가 삶의 필연성보다는 인격의 독립성에 더 큰 비중을 두고 있음을 알 수 있다. 돈 못 벌어도 좋고, 하루 끼니를 걸러도 좋다! 다만 내가 만들어낸 작품은 완벽해야 하고, 내 마음에 흡족해야 한다! 바로 이러한 예술가 정신 때문에 토기장이는 망치를 휘둘렀다. 지금 그의 정체성은 예술가요, 작업자다. 그런데 토기 판매가 유일한 생계 수단이라면, 그런 예술가 정신은 가족들의 원망 섞인 눈총을 받기 십상이다. 토기장이가 망치를 쳐들었을 때 굶주린 가족 중 누군가가 달려 나와 그의 손을 붙잡고 호소한다면 상황은 어떻게 달라질까. 똑같은 활동(토기 만들기)이지만, 그것을 노동으로 보는지 작업으로 보는지에 따라 토기장이의 행동은 달리 평가될 수 있다.

생계의 일과 인격의 일이 겉으로 동일해 보일 수 있기에, 인류사에서 노동과 작업은 자주 서로에게 스며들었다. 온갖 곳에서 찾아온 사람들이 기술자에게 "스승님!" 하고 무릎 꿇는 경우도 없지 않았지만, 노동자가 천시되는 꼭 그만큼 작업자도 천시되는 시대가 어느 나라마다 존재했다. 노동은 노동대로 가치 있고 작업은 작업대로 가치 있는데도, 흔히 사람들은 작업과 노동을 붙여 둘을 한꺼번에 '하향 평준화'했다.

그러던 중 로크와 스미스가 깔아놓은 사유의 뒤를 이어 마르크스가 '색다른' 이야기를 힘 있게 발표했다. 그는 노동이론을 주창하며 모든 삶의 단계에서 인간을 '노동하는 동물'로 정의했다. 노동은 마르크스의 전체 이론체계에서 '가장 위대하고 가장 인간적인 힘'으로 묘사되었다. 그는 노동의 가치를 최상급으로 드높였다. 인간은 노동하는 만큼 위대하다! 그러고는 다음 순간 마르크스는 노동 해방을 주장했다. 인간이 "바로 그의 가장 위대하고 인간적인 힘을 더 이상 필요로 하지 않는 사회"로 나아가 노동에서 해방되는 것이 마르크스가 말하는 '역사적 진보'였다.[3]

아렌트는 이것이 모순이라고 비판한다. 아니, 노동 때문에 인간이 위대한 것이라면 인간은 왜 그 위대함(노동)을 발휘하지 않게 되는, 노동에서 해방되는 사회를 추구해야 한단 말인가. 왜 위대함을 내다 버리자고 하는가. 이게 앞뒤가 맞는 말인가.

현실적인, 너무나 현실적인

'노동'이라는 제목이 달린《인간의 조건》3장은 마르크스를 비판할 것이라고 예고하는 문장으로 시작된다.[4] 실제로 3장은 처음부터 끝까지 마르크스를 시쳇말로 잘근잘근 씹는다. 물론 아렌트가 반공사상을 따라 '난 공산당이 싫어요' 같은 수준으로 마르크스를 비판한 것은 아니다. 여담이지만 아렌트는 미국의 극단적 반공주의, 즉 매카시즘이 횡행하던 1950년대 초반 즈음 출간된《전체주의의 기원》때문에 반反소비에트 정치이론가로 이해된 동시에, 마르크스 비판 때문에 반공주의적 정치이론가로 분류된 적이 있다. 그러나 아렌트는 좌우 진영 논리와 무관하다.《인간의 조건》에서 아렌트는 마르크스를 비판하지만, 공산주의의 창시자 마르크스가 아니라 노동이론가 마르크스를 비판한다.

　　마르크스와 달리 아렌트는 노동을 '위대한' 것으로 말하지 않는다. 아렌트는 노동을 '복된' 것으로 표현한다. 그 복됨의 근거는, 어딘가 모르게 역설적이지만, 노동의 수고로움이다. 이를 보여주고자 아렌트는 서양의 여러 언어를 모아놓고 작업을 가리키는 단어들과 노동을 가리키는 단어들을 비교한다. 이때 후자의 어원에 '수고', '고통'의 뉘앙스가 들어 있음을 발견한다. 아렌트가 한국어를 예시하지는 않았는데, 비록 한자어이긴 하지만 우리말 '노동勞動'에도 '수고로울 로勞' 자가 들어 있다. '작업作業'에는 그런 의미의 문자가 없다. 신기하지 않은가. 대부분의 언어가 그렇다니!

　　아렌트에 따르면 수고로운 노동이 복되다. 수고스럽고 고통스러운 노동이 있으므로 인간의 삶은 복되다. 이때 주목할 점은 아렌트가 수고와 고통으로 점철된 삶만을 복되다고 말하지 않는다는 사실이다. 아렌트는 수고로운 노동 사이사이에 반드시 알맞은 휴식이 주어져야 인간다운 삶이 영위될 수 있다고 강조한다. 충분한 휴식을 보장하지 않은 채 노동자를 노동에만 묶어두는 사회는 비참하고 황폐한 사회라고 비판한다.

아렌트의 마르크스 비판은 그가 노동의 가치를 높게 보았다는 데 초점을 맞추지 않는다. 그보다는 아렌트의 정치철학이 인간다운 삶을 한가롭고 편안하기만 한 삶으로 파악하지 않는 동시에, 있는 그대로의 '현실적 삶'을 강조한다는 사실과 관련된다. 손끝에 물 한 방울 안 묻히고 지내는 편안하고 안락한 삶, 아무 일을 하지 않고도 배불리 먹고살 수 있는 삶, 말하자면 '노동 해방적 삶'은 아렌트가 보기에 기생하는 삶이거나 비현실적 삶에 불과하다. 노동에서 해방된 삶이 아니라 노동할 수 있는 삶이 의미 있는 삶, 복된 삶이다.

> 노동에 내재하는 삶 자체의 축복은 작업에서 발견될 수 없으며 이는 일을 성취할 때 찾아오는 잠깐의 안도감이나 기쁨과 혼동하지 말아야 한다. 노고와 만족이 생존수단의 생산과 소비만큼이나 서로 밀접하게 이어진다는 점은 노동의 축복이다.
>
> _《인간의 조건》, 197쪽.

《인간의 조건》에서 아렌트는 인간다운 삶과 그에 걸맞은 현실감각을 극적으로 강조하기 위해 마르크스의 노동이론을 비판한다. 비판의 요점은 노동은 위대한 게 아니라 복되다는 것이다. 이를 뒤집으면 이러한 문장이 탄생한다. '인간의 삶이란 위대함을 확인하거나 성취해가는 과정이 아니라, 복됨을 받아 누리는 매 순간이 더해지며 구성된다!'

노동에서 해방된
삶이 아니라
노동할 수 있는
삶이 의미 있는 삶,
복된 삶이다.

The Human Condition, 1958

끝없이 용서하고
무겁게 약속하라

행위는 정치적 활동이다. 더 짧게 줄이면 이렇다. '행위는 정치다.' 그런데 행위가 곧 정치이기에, 행위에는 꼭 필요한 것이 있다. 용서와 약속이다. 용서와 약속을 언급하는 부분은 아렌트의 행위이론체계 가운데 상당히 말랑말랑하고 감성적인 대목이다. 혹시 정치를 선거운동, 공천, 투표, 자금, 계략, 술수, 책략, 정쟁 그리고 정권 창출을 위한 다툼이나 국회에서 고성이 오가는 장면으로만 기억한다면, 용서와 약속이라는 단어가 뜬금없다고 느껴질지 모르겠다. 그러나 바로 그렇기에 정치에는 극적 반전을 품은 감성이 존재한다. 이 감성 충만한 내용은 《인간의 조건》의 뒷부분에 몰려 있다.[5]

세상 모든 인간의 행위는 일단 나타나면 결코 되돌릴 수 없다. 하나의 행위가 나타나면 그에 반응하는 행위가 일어나고, 그에 자극받은 또 다른 행위가 일어나며 끊임없이 연속된다. 지나간 행위를 돌이키는 것은 불가능하다. 타임머신이 일상화된다면 모를까, 말과 행위는 붙잡을 수 없다.

어떤 행위를 했는데, 아차 싶어 '없었던 일'로 하면 좋겠다는 마음이 들 수 있다. 그럴 때 우리는 "없었던 일로 해주세요"라고 부탁하기도 한다. 하지만 그럴지라도 그 행위 자체가 없어지는 것은 아니다. 심지어 없었던 일로 해달라는 말이 보태져서 그 행위가 단계별로, 때로는 분석적으로 더 잘 기억될 가능성마저 있다. 그래서 없었던 일로 하고 싶은 행위가 있을 때 오히려 입을 다무는 이들도 있다. 아예 거론하지 않은 채 시간을 흘려보냄으로써 스리슬쩍 잊히기를 소망하는 것이다. 그러나 어떤 경우든, '흑역사(부끄러운 일)'는 잊힐 뿐 삭제되지 않는다. 누군가 뒤늦게 파헤치기라도 하면 다시금 떠오르는 게 흑역사다.

정치의 역사를 만들어온 용서

이처럼 인간은 실수나 오류를 돌이키지 못하고 없애지 못하

지만, 다행스럽게도 '사과'는 할 수 있다. 그래서 사과가 용
서의 전제 조건으로 자주 간주된다. 사과하면 용서받을 가
능성이 커진다. 아렌트도 용서를 이야기하는데, 흥미롭게도
아렌트가 말하는 용서에는 사과가 빠져 있다. 이는 예수가
"일흔 번씩 일곱 번이라도 용서해야 한다"라고 가르쳤던 것
에 비견될 만하다(〈마태복음〉 18장 22절). 일흔 번씩 일곱 번이
라도 용서하라는 말은 용서하고 또 하라, 그냥 계속 용서하
며 살아가라는 말과 다르지 않다. 예수 또한 용서 앞에 아무
런 전제 조건도 달지 않았다.[6]

아렌트는 인간 사회에서 사과 없이 용서가 필요한 이유
를 '돌이킬 수 없음irreversibility'이라는 행위의 속성에서 찾는
다. 인간의 행위가 돌이킬 수 없는 속성을 갖고 있기 때문에
인간은 용서해야 하고, 할 수밖에 없으며, 어떤 면에서는 부
지불식간에 이미 서로를 용서하고 있다. 인간은 이미 일어
난 행위를 용서라는 방법을 통해 다룬다. 잘했든 못했든, 완
벽했든 실수였든 이미 일어난 행위를 용서라는 방식으로 처
리하면, 우리는 훨씬 더 자유롭고 용감하게 새로운 행위를
기획할 수 있다. 정치적 삶으로서 행위를 시작한 사람은 용
서 때문에 주저 없이 행위의 공간에 들어선다. 만약 정치에
서 용서가 단 한 번도 일어나지 않았다면, 자칫 행위를 잘못
할세라 다들 몸 사리고 앉아만 있었을 것이다. 그러면 정치

의 역사는 아마 존재하지 않았을 테다.

　엄밀히 따지면 누구나 수시로 용서받는 삶을 산다. 태어나서 단 한 번도 실수나 오류를 저지르지 않았다고 자신할 수 있는 사람은 이 지구상에 단 한 명도 없으리라. 그런데 모든 실수와 오류에 걸맞은 처벌이 반드시 뒤따랐는가. 물론 아니었을 것이다. 그러니 용서받으며 살아왔다는 현실을 있는 그대로 인정하면 좋겠다. 그런데도 평생 단 한 번도 용서받은 적이 없다고, 용서받을 만한 실수나 오류를 저지른 적이 없다고 주장하실 분이 계시려나?

　이때 용서는 '그때 그곳의 그 사람이라면 그런 행위를 할 수도 있지' 하고 시쳇말로 '쿨하게' 인정하는 데서 출발한다. 이는 잘못된 행위, 또는 내가 보기에 이상한 행위가 나타났을 때 그것을 두둔하는 것도 아니고, 무마하는 것도 아니다. 그 행위가 이러저러하게 일어났음을 액면 그대로 이해하고 받아들이는 것이다. 단 그런 식으로 용서하고 넘어가면 안 되는 일들도 있다. 정치적 활동을 활발하게 한다는 미명하에 세상의 모든 비도덕적 행위를 무차별적으로 용서하고 덮어주자는 게 아니다. 아렌트는 《인간의 조건》에서 분명히 밝힌다. "용서는 극단적인 범죄나 의도적인 악에는 적용되지 않는다."[7] 그렇다. 아렌트의 용서 개념은 범죄행위와 상응하는 게 아니라, 정치행위에 조응한다.

인류의 역사를 만들어온 약속

인간의 행위에는 '돌이킬 수 없음' 외에 또 다른 중요한 속성이 있다. 바로 '예측할 수 없음unpredictability'이다. 예를 들어보겠다. 당신은 오늘 만난 낯선 사람과 찬반 토론을 벌여도 그가 나를 해치지 않으리라는 것을 도대체 무엇을 근거로 확신하는가.

아렌트는 인간의 마음을 어느 정도까지는 예측할 수 있지만, 완전히 알 수는 없다고 본다. 그러니 인간 마음의 예측되지 않는 한 부분, 다시 말해 '인간 마음의 어둠'을 인정하며 살자고 강조한다. 이건 일반적 의미의 성악설이 아니다. 어둠 안에 무엇이 들어 있는지, 그것이 선인지 악인지 남은 물론이고 나조차 알 수 없다는 것이 핵심이다. 이 어둠 속에는 악도 있을 수 있고 선도 있을 수 있다. 어느 쪽이든 환히 밝힐 수 없다. 어떤 이의 마음이 혹시 대낮처럼 밝아지더라도 100퍼센트 드러나지 않는다.

인류사가 꽤 오래전에 시작되었지만, 인간 마음의 어둠은 아직 완전히 다 밝혀지지 않았다. 비근한 예로 성선설과 성악설은 결판나지 않는 논쟁을 일으키곤 한다. 앞으로 세월이 더 흐른다 해도 인간 마음의 어둠이 100퍼센트 완벽하게 공개되는 일은 기대하기 어렵다. 아우구스티누스처럼 학식과 덕망이 높은 신학자조차 자기 마음속의 어둠을 목격하고는 신 앞에 자기가 자기에게 문젯거리라고 고백했다I have become a problem to myself. 노벨문학상 최연소 수상자인 알베르 카뮈도 《시지프 신화》의 '부조리의 추론'에서 비슷한 고백을 남겼다. 이는 '내 마음 나도 몰라' 하는 막연한 한탄과는 차원이 다른 절실한 고백이다. 인간 실존에 관한 성찰적·윤리적 고백이다.

인간의 마음엔 어두운 구석이 있다. 자기 마음을 가만히 들여다보라. 거짓 없이 고요히 지켜보라. 내가 왜 그랬는지 설명하기 까다로운 지점들이 보일 것이다. 인간의 마음엔 어둠이 들어 있다. 누구에게나 있는 것처럼 내게도 어둠이 있다. 남의 마음은 물론이고 내 마음에 있는 어둠조차 말끔히 밝히기 어렵다. 이런 마음 같기도 하고 저런 마음 같기도 하다. 다만 이러한 어둠은 자랑스러워할 것까지는 없지만, 부끄러워할 것도 아니다.

어둠을 초깃값default으로 장착한 내가, 마찬가지로 어둠이 초깃값인 타인들과 함께 공통의 관심사를 논하고 추진하기 위해선 일종의 인위적 장치가 필요하다. 저마다 본의 아니게 간직한 온갖 종류의 어둠이 아무 때나 바깥으로 튀어나오지 않도록 하는 장치 말이다. 그 장치가 무엇일까. 아렌트에 따르면 '약속'이다.

약속에는 직업정치가들이 투표일을 앞두고 내어놓는 공약은 물론이거니와 사사로운 영역이 아닌 공적인 영역에서 인간들이 맺는 모든 종류의 계약과 언약이 다 포함된다. 그리고 두말하면 잔소리지만 약속은 맺는 것 못지않게 지키는 것이 중요하다. 그래서 약속의 경우 신뢰가 중요하게 대두된다. 신뢰를 무겁게 여기는 마음 위에서 약속을 이루려 노력해야 하는 것이다. 정치적 의미에서 약속의 가치는, 약속을 했다는 것으로 증명되는 게 아니라, 약속의 내용에 대한 책임 있는 실천으로 입증된다. 약속은 책임 있는 행위를 권장한다. 약속한 사람은 그 약속에 대해 책임져야 하고, 책임지고 있음을 공개해야 한다.

정리하겠다. 행위의 돌이킬 수 없는 속성 때문에 요청되는 용서 그리고 행위의 예측할 수 없는 속성 때문에 필요한 약속은 한 사회의 정치적 품격을 드러내는 양대 산맥이다. 그런즉 한 사회에서 용서와 약속이 올바르게 발생하는지, 또 작동하는지가 중요하다. 이 두 가지는 저절로 생겨나 작동하지 않는다. 끝없이 용서하고 무겁게 약속하는지, 시민들이 나서서 정치판을 주의 깊게 살펴보아야 한다.

누구나 수시로
용서받는 삶을
산다.

The Human Condition, 1958

팬데믹
생존자들의
정치

빠른 나라는 2019년 말부터, 늦은 나라는 2020년 초부터 코로나19 확산에 따른 봉쇄 조치를 개시했다. 그 후 2023년 5월 WHO가 팬데믹 해제를 공식 발표하기까지 나라마다 전면적 봉쇄 조치를 뜻하는 '사회적 거리 두기social distancing'가 사실상 강제되었다. 단일 보건의료기관으로서 세계 최대 규모를 자랑하는 영국 국민보건서비스National Health Service에 따르면 사회적 거리 두기의 뜻은 다음과 같다.

코로나19 확산을 멈추려면 같이 살고 있는 사람이 아닌 한 누구든 가까이 만나지 않는 게 좋습니다. 이것이

사회적 거리 두기의 의미입니다 To stop the spread of coronavirus

(COVID-19), you should avoid close contact with anyone you do not live with. This

is called social distancing.

　재미있지 않은가. 왜 공적 거리 두기public distancing나 정치
적 거리 두기political distancing가 아닌 사회적 거리 두기일까. 아
렌트의 정치이론을 근거로 하면 이러한 답이 가능하다. 우
리는 모두 '공적≠사회적'의 공식을 굳이 '말하지 않아도' 잘
알기 때문이다.

　팬데믹 기간에 정치적 거리 두기가 아닌 사회적 거리 두
기는 적절한 대응이었다. 세계 각국의 사람들은 정부가 하
라는 대로 마스크를 착용하고, 사회적 거리 두기를 준수했
다. 동시에 지시받거나 권장받지 않은 활동 한 가지도 꽤 열
심히 했다. '열심히 모인 것'이다. 사회적 거리 두기를 위반하
지 않기 위해 넓은 공간에 듬성듬성 앉는 한이 있더라도 사
람들은 모이기에 힘썼다. 그마저 여의찮으면 각종 화상회의
프로그램을 통해 온라인에서라도 모였다. 가능한 방법을 총
동원해 모임을 개최하고, 또 참석했다. 온갖 모임이 끊이지
않았다. 오프라인의 교통수단은 모두 멈췄지만, 온라인의
소통수단은 결코 멈추지 않았다. 왜 그랬을까. 왜 그렇게 모
이고, 또 모였을까. 아렌트가 이 현상을 보았다면 이렇게 답

했으리라. "우리가 정치적 동물이기 때문이다."

인간다운 삶의 조건, 정치

인간은 모이기를 힘쓴다. 인간은 인간답게 살기 위해 모이
기를 힘쓴다. 아렌트에 따르면 인간의 인간다움은 모임과
그 모임에서 발생하는 행위(정치)에 달려 있다. 목숨이 붙어
있는 인간이라면 누구나, 아무리 팬데믹 시대를 살아갈지라
도 행위만큼은 멈추지 않으려 애쓴다. 타인의 생각과 감정
을 알고 싶어 하고, 자기의 생각과 감정을 알리고 싶어 한다.
왜냐고? 인간이 비단 사회적 동물이어서가 아니라, 정치적
동물이어서 그렇다.

　인간은 행위를 할 수 있어야, 아렌트의 정치이론에 입각
해 말하자면 정치를 할 수 있어야 사는 것같이 산다. 타인의
존재를 눈으로 보고 귀로 들으며 자신과 비교 및 대조할 수
있을 때라야 사는 것같이 산다고 느낀다. 공적 영역이 있고
그곳에 진입할 수 있어야 사는 것같이 산다며 안심한다.

　인간은 타인들이 거기 있음을 바라볼 뿐 아니라, 타인들
앞에서 (말하기를 포함해) 자기답게 행위함으로써 '나 여기 있
소' 하고 알려지기를 원하는 존재다. 동시에 타인들이 거기

잘 있는지도 알고 싶어 한다. 인간은 그냥 먹고사는 정도로
는 결코 만족하지 않는다.

물론 우리는 대개 정치보다는 경제를 우선한다. 의식주
가 제대로 충족되지 않으면 아무래도 불안하기 때문이다.
그러나 그것만이 인간 마음의 전부는 아니다. 그것만이 인
간의 관심사도 아니다. 인간은 빵으로만 사는 존재가 아니
라 세계를 자기 나름대로 경험하고, 세계에 대해 자기다운
관심을 품으며, 그러한 경험과 관심을 타인에게 표현해야
직성이 풀리는 존재다.

> 만일 어떤 사람이 세계를 "진정으로" 있는 그대로 보고
> 경험하기를 원한다면, 그것은 세계를 수많은 사람이 공
> 유하고, 그들 사이에 있고, 그들을 분리시키는 동시에 연
> 결시키면서 있는 어떤 것으로서 이해하는 방법을 통해
> 서만 가능하게 된다.
>
> _《정치의 약속》, 171쪽.

아렌트는 세계가 아주 많은 사람에게 저마다 달리 보이
므로, 사람마다 세계에 '대해' 다르게 이야기하게 된다고 설
명한다. 코끼리의 서로 다른 부위를 만지며 저마다 "이것이
코끼리다"라고 주장하는 장면을 상상해보라.

인간이 있으면 정치가 있다

앞서《인간의 조건》을 논하며 살펴보았지만, 정치는 관료적 행정절차 같은 것이 아니다. 민원서류를 신청하고 발급받는 것을 정치라고 부르는 이는 없지 않은가. 일률적이며 체계적으로 작동하는 상명하달의 관료제 안에서 행정적으로 일을 처리하는 것과 정치는 다르다. 정치는 관료제도나 사회제도와 다르며, 법제도와도 다르다. 정치는 서로 다른 인간들의 공존과 연합을 다룬다.[8] 한 가지 더. 정치는 지배자와 피지배자의 관계에서 일어나는 활동도 아니다. 우리가 경험했듯이 팬데믹은 '멈춤'을 강요했지만, 이 지구상에서 인간의 정치 활동은 '멈춤'에 굴복하지 않았다. 지배하고 지배당하기 위해서가 아니었다. 오로지 모이기 위해서였다. 그것도 '모이니까 좋다' 하는 수준이 아니었다. 어떤 이들은 팬데믹을 계기로 '야생동물 서식지 침범' 문제나 '생물다양성 보존 필요성' 문제 등에 관해 이전보다 더 크게 목소리를 높이며 국제적인 협력을 촉구했다. 환경보호 활동의 광범위한 연대 및 정치 세력화를 추구했다.

정치는 국회의원이나 지방의회의원들만 별도로 모여 수행하는 활동이 아니다. 설득력 있게 내 의견을 발언하고, 신중하게 남의 의견을 경청하는 사람들이 모여 있는 곳, 바로 그곳에 정치가 있다. 정치가 있으면 그곳에 인간이 있다는 이야기가 되고, 인간이 있으면 그곳에 정치가 있다는 이야기도 된다. 단 조건이 있다. 인간이 그곳에 있되 '사는 것 같이' 있어야 정치도 있다.

인간은
인간답게
살기 위해
모이기를
힘쓴다.

The Promise of Politics, 2005

인간복수성에서
찾은
좋은 정치

《정치의 약속》은 우리를 인간복수성으로 안내한다. 인간복수성에서 '복수'는 '단수'에 대응하는 '여럿plural'을 뜻한다. 많은 사람이 영어를 처음 배울 때 단수와 복수, 관사와 정관사 같은 (한국어에 없는) 개념 때문에 재미있기도 하고 혼란스럽기도 했을 텐데,《정치의 약속》에서 바로 그 단수와 복수 이야기의 정치 버전을 만나게 된다.

정치를 제대로 이야기하기 위해 철학도 만류하고 전통도 배격하는 아렌트는 인간복수성을 중시한다. 즉 '인간이란 이러이러한 존재다'라며 지구상 수십억 명의 인간을 마치 한 사람인 양 '일반화해' 휴머니즘 이론을 구상하는 철학

적·심리학적·자연과학적·신학적 시도 및 학계의 여러 전통
적 지향을 비판한다. 아렌트는 그러한 시도 자체를 비정치
적인 것으로 파악한다. 왜냐하면 정치란 모름지기 인간들
사이에서, 즉 단수의 인간 외부에서, 여러 인간이 관계 맺는
공간에서 생겨나는 것이기 때문이다.[9]

우리는 이미 공존하는 중

2022년 말 세계 인구는 80억 명을 넘어섰다. 불과 100여 년
전 아렌트가 태어나 청년기를 보내던 때만 해도 세계 인구
는 20억 명 안팎이었다. 100년 동안 60억 명이 늘어났으니,
어마어마한 번식력이 아닐 수 없다. 나라마다 출생률이 감
소한다며 아우성이고, 우리나라도 그 아우성에 한 자락을
보태고 있지만, 세계적 관점에서 보면 인구는 계속 늘어나
는 중이다.

그런데 우리는 친구 네다섯 명과 만나 무언가 의논할 때
면 서로 다른 성품과 의견 때문에 불평과 반색이 뒤섞인 우
여곡절을 겪지만, 세계 인구 80억 명에 대해서는 '인류Man'라
는 개념으로 통째로 싸잡아 이해한다. 예를 들어 이 세상에
태어난 수억 명의 아기를 마치 한 명의 아기처럼 일반화해

'아기는 천사 같아'라고 생각하는 사람이 있다고 하자. 막상 자기 아기가 천사같이 느껴지지 않는 순간에도 그는 명제를 수정하지 않는다. '여자의 마음은 갈대와 같다'라는 명제도 그런 식이다. 이러한 명제들을 신봉하는 사람은 천사같이 착하고 아름답지만은 않은 아기, 마음이 갈대같이 흔들리지 않고 일구월심日久月深인 여자를 보면 이렇게 읊조릴지 모른다. "예외도 있지."

또 어떤 이들은 혈액형별로 눈에 띄는 특징이 있다며 사람들을 구분하기도 한다. 80억 명 중 B형 혈액형을 지닌 수억 명의 남성을 묶어 한 사람처럼 취급한다. "B형 남자는 다혈질이래" 하는 식이다. 사람의 성향을 아홉 가지로 분류하는 에니어그램Enneagram이나('에니어ennéa'는 '9'를 뜻하는 그리스어), 효율적인 인력 배치를 위해 개발된 성격유형검사가 시초인 MBTI도 크게 다르지 않다. 혈액형보다 분류의 가짓수만 많을 뿐 일반화하려는 의도와 원리 자체는 동일하다. 아렌트에 따르면 진정한 정치는 서로 다른 인간들을 일반화해 이해하고서 그 일반화된 특징을 갖추지 않았거나 이를테면 튀는 인간을 만날 때마다 '예외'를 추가하는 방식의 활동을 배격한다.

정치를 잘하려면 서로 다른 인간들이 서로 다른 채로 공존하는 현실을 있는 그대로 보아야 한다. 나아가 서로 다른 인간들이 함께 연합하려면 어떻게 해야 할지 자기 나름대로 궁리하고, 그 내용을 발표하고, 어떤 식으로든 행위를 전개하면 된다. 사람들의 서로 다름을 전제하되, 공동체 안에서 모두 똑같은 비중을 가질 때 '좋은 정치'가 일어난다. 이것이 바로 아렌트의 인간복수성이 지향하는 바다.

행위의 품격

아렌트는 자신의 정치이론체계를 세우고 입증하는 과정에서 두 명의 고대인을 의미심장하게 인용한다. 한 사람은 예수고, 다른 한 사람은 소크라테스다. 두 사람에겐 세 가지 공통점이 있다. 한 권의 저서도 직접 쓰지 않았고, 제자 공동체나 익명의 대중(민중, 무리) 사이에 섞여 그들과 함께 돌아다니길 좋아했으며, 자신이 속한 사회에서 배척당한 끝에 살해당했다.

    아렌트는 여러 저서에서 성서에 기록된 예수의 말을 예로 드는데, 《정치의 약속》에서는 정치에 관한 철학적 전통을 훑으며 주로 소크라테스를 집중 탐구한다. 예수는 비교를 위해 잠깐씩 찬조 출연할 뿐이다. 아렌트는 예수의 재판과 유죄 판결에 버금갈 만큼 역사적으로 중요한 사건인 소크라테스의 재판과 유죄 판결에서 '철학과 정치 사이의 간격'이 발생했다고 본다.[10] 소크라테스가 재판관들과 아테네 시민들을 설득하지 못해 유죄 판결을 받게 되었다고 생각한 플라톤은 '철인정치'를 주장했는데, 이는 시민들의 다양한 의견이 자유롭게 오가는 민주정치를 짐짓 멸시하는 엘리트주의적 태도였다. "진리의 폭정tyranny of truth"을 지향한 플라톤은 인간들을 설득할 수 없을지라도 영원한 진리가 도시를 지배하면 된다는 진리절대주의적 입장으로 나아갔다.[11] 이로써 플라톤은 '엄격한 평등성에 근거한 의견 주고받기'와 '어떤 것에 대해 철저히 논한다는 것' 자체가 중요할 뿐 어떤 '결과물'을 도출하는 일에는 별 관심이 없었던 스승 소크라테스를 근본에서 배반한 셈이 되었다.

　　플라톤은 결과물, 결론이 있어야만 의미 있는 대화라고 생각했지만, 아리스토텔레스는 또 달랐다. 아리스토텔레스는 딱히 결론을 의도하지 않는 대화도 가능하다고 보았으며, 동등한 친구 사이에서 그러한 대화가 오갈 수 있다고 생각했다. 아리스토텔레스는 그런 태도를 정치적 우정의 의미로 파악했다. 그러나 플라톤처럼 아리스토텔레스도 스승 소크라테스와는 달리 궁극의 진리란 '말(대화)을 넘어서는' 지점에 있다고 보았다. 이에 대해 아렌트는 서양철학의 전통이 정치의 핵심인 행위를 놓치는 길 위에서 시작되었다고

분석한다. 아렌트에 따르면 서양철학은 인간을 단수로 취급
하면서 인간복수성을 놓쳤다. "공적 영역과 관련된" 행위의
품위, 품격을 놓쳤다.[12] 행위의 품격을 놓쳤기 때문에 서양
철학의 전통이 아무리 유구하고 묵직하고 탁월할지라도 아
렌트는 그것을 거부한다.

정치를 잘하려면
서로 다른 인간들이
서로 다른 채로
공존하는 현실을
있는 그대로
보아야 한다.

The Promise of Politics, 2005

정치에도 연습이 필요해

아렌트의 저서 중 무엇이 최고인지 묻는다면, 많은 이가《인간의 조건》이라 답할 것이다. 하지만 아렌트 본인은《과거와 미래 사이》를 꼽았다.[13] 아렌트가 더 오래 살아《정신의 삶》을 완성했더라면 그것이 '인생 최대 걸작'으로 등극했을 것이라고 보는 연구자들도 있다. 물론 이 또한 후학이나 제삼자의 평가인 한, 아렌트 스스로 최고 역작으로 선택했던 저서가《과거와 미래 사이》라는 사실은 변하지 않는다.

아렌트는 대중을 위한 글쓰기를 좋아했다. 그래서 에세이 형식을 선호했다. 문제는 에세이가 '붓 가는 대로' 자유롭게 쓰는 글이기 때문에, 아렌트의 붓이 어디로 튈지 예상하

며 사상 전개의 리듬 위에 올라타 수월하게 읽어나가기까지
는 오히려 어렵게 느껴질 수 있다는 것이다. 여담이지만 수
십 년간 논문만 읽은 어떤 대학교수가 내게 시, 소설, 수필 같
은 문학작품들이 잘 읽히지 않는다고 털어놓은 적이 있다.
이처럼 어떤 글이 술술 읽히는지 턱턱 막히는지의 문제는
친근한지 생경한지, 빈번히 노출되는지 드물게 접하는지의
문제에 더 가깝다. 여하튼 아렌트의 에세이를 읽기 전부터
지레 겁먹지 않기를 바란다. 그의 붓이 어디로 갈지는 몇 편
의 에세이를 꼼꼼히 읽어가다 보면 틀림없이 감 잡을 테니.

　《과거와 미래 사이》는 '정치사상에 관한 여덟 가지 철학
연습'이라는 부제를 달고 있는 에세이집이다. 전체 구성은
아래와 같다.

　　1장 전통과 현대

　　2장 역사 개념: 고대와 현대

　　3장 권위란 무엇인가?

　　4장 자유란 무엇인가?

　　5장 교육의 위기

　　6장 문화의 위기: 그것의 사회적·정치적 의미

　　7장 진실과 정치

　　8장 우주 정복과 인간의 위상

각 장은 독립적이다. 애초에 각기 다른 잡지에 발표되었던 글들이기 때문이다. 그러니 차례대로 읽지 않아도 무방하다. 눈길이 가는 주제가 있다면, 그 글부터 읽어도 상관없다. 그 글만 읽고 잠시 독서를 중단해도 괜찮다. 그럼 이제부터 한 장 한 장의 내용을 좀 더 상세히 살펴보기로 하자.

권위란, 또 자유란 무엇인가

'1장 전통과 현대'는 전통이 눈에 보이지 않는다고 해 없어지는 것이 아님을 이야기한다. 얼마든지 다른 방식으로 전통은 생존하는데, 그중 하나가 전제적으로, 즉 포악한 방식으로 살아남는 것이다. 만일 이런 식으로 잔존하는 전통이 주변에 있다면 상당히 힘들지 않을까. 예를 들어 웃어른을 공경한다는 좋은 전통이 '경로석 양보를 반강제하는 방식'으로 명맥을 유지한다든지….

'2장 역사 개념: 고대와 현대'는 주관성(주체성)을 중시하게 된 계기로 서양철학사에 한 획을 그은 근대의 의미를 집중적으로 살펴본다. 근대는 '나는 생각한다. 고로 존재한다'라는 명제와 관계가 깊다. 근대는 객관성, 우연성까지도 냉큼 삼켜버릴 수 있는 주관성의 힘이 절대적으로 칭송받던 때다. 따라서 이 글을 읽을 때 우리는 인간의 주관성이 얼마나 위대한지, 그렇게 위대한 만큼 또 얼마나 위험할 수 있는지에 대한 아렌트의 상상과 통찰을 엿볼 수 있다.

'3장 권위란 무엇인가?'는 우리를 권위와 정치의 연결 지점으로 안내한다. 아렌트는 이 글에서 권위란 복종을 요구하기 때문에 거의 매번 권력이나 폭력으로 오인된다고 짚는다.[14] 한국 사회에서도 권위는 걸핏하면 "나 때는 말이야"를 읊는 '꼰대'를 연상케 한다. 그래서 권위는 앞에선 고개를 끄덕이지만 돌아서면 신경 쓰지 않는 이중성을 유발한다. 권위자 몰래 슬쩍슬쩍 그의 말을 어기는 것이다. 권위가 강한 곳일수록 위반, 편법, 꼼수 등이 난무할 수 있다. 그런 의미에서 아렌트는 공동체 안에서 권위자와 지지자 사이에 건강한 권력관계가 형성되지 않으면 인간의 정치 영역 자체가 위험해질 수 있다고 경고한다. 권위는 타도해야 할 문제라기보다는 건강하게, 또 적합하게 세워가야 하는 것인지 모른다. 우리가 다 인정하다시피 세상 모든 권위자가 전부 꼰대는 아니지 않은가.

'4장 자유란 무엇인가?'는 아렌트가 곧잘 시도한 흥미로운 단어 비교로 시작된다. 바로 '프리덤freedom'과 '리버티liberty'의 비교다. 정치적 삶을 꿈꾸는 인간이 진정 원하는 것, 또 원해야 할 것은 프리덤일까, 리버티일까. 자유의 여신상

에서 '자유'는 프리덤일까, 리버티일까. 4장을 읽으며 자유
의 의미를 이처럼 구분해 따져보는 일은 재미있다. 아울러
어떤 사람이 어떤 자유를 주장하는지가 중요하다는 점을 이
해하게 된다. 아렌트는 '존재의 표현으로서 정치적 삶을 시
작할 수 있는' 근본적 자유, 일명 존재론적 자유를 주장한다.
내가 하고 싶은 대로 다 하며 살겠다는 막가파식 자유? 아니
다. 나를 얽어매는 것들을 물리치고 훨훨 날아오르는 자유?
그것도 아니다. 근원적 의미의 자유를 이야기한다. 그 자유
는 바로 이것이다. FREEDOM!

진실을 잃어버린 사람들

이후 5장과 6장은 각각의 제목 그대로 '교육의 위기'와 '문화
의 위기'를 다룬다. 한때 미국에서 제법 큰 논쟁거리였던 진
보교육과 보통교육(평등교육)의 대립을 우선 살펴보는데, 그
래서 약간 멀게 느껴질 수 있다. 하지만 이어서 다루는 권위
와 책임이라는 주제는 우리나라 교육 현장에서 자주 논란이
되는 교권 논쟁을 연상케 하므로, 지루함이 사라질 것이다.
6장은 대중이 문화의 주체가 아니라 오락의 주체가 되는 현
상에 문제를 제기하며 시작된다. 그런 다음 "기분 좋은 것과

나쁜 것의 문제에서 유사성을 발견하면 얼마나 빠르게 서로를 알아보고, 얼마나 확실하게 서로에게 속함을 느낄 수 있는지"를 논하며 취향의 문제로 넘어간다.[15] 대중사회 안에서 무엇이 정말 내 취향인지, 혹시 다수의 취향으로 광고된 항목들에 내가 낚인 것은 아닌지 의심스러울 때가 있다면, 이 글을 읽으면서 본격적으로 성찰해볼 수 있을 것이다.

　'7장 진실과 정치'에서는 가짜뉴스의 진짜 문제점을 성찰할 수 있다. 아렌트의 다음과 같은 설명은 우리에게 경각심을 일으킨다.

> 사실적 진리를 거짓말들로 지속적이고 완전한 방식으로 교체한 결과는, 이제 거짓말이 진실로 수용되고 진실이 거짓으로 폄하된다는 것이 아니라, 우리가 현실 세계에서 우리 자신의 태도를 결정하는 감각이 파괴되어간다는 것이다. 이 문제에 대한 처방책은 아무것도 없다.
>
> _《과거와 미래 사이》, 450쪽.

　곱씹어 읽을수록 약간 무섭기까지 하다. 가만히 생각해보니, 가짜뉴스를 만드는 사람들은 실제 세계에서 의미를 읽어내는 감각을 이미 상실한 것일 수 있다. 그들이 가짜뉴스를 내게 전하며 자기처럼 의미를 읽어내는 감각을 잃어버리자고 제안한다면 어떻게 해야 할 것인가. 당당히 거부할 것이라고 장담할 수 있는가. 지금 우리 사회의 현실을 들여다보면 거부하지 않는(못하는) 사람도 더러 있는 것 같다.

'8장 우주 정복과 인간의 위상'에서는 과학자들 자신은 지구에 있는 채로 우주인을 대신 보내면서도, 왜 계속해서 우주를 연구하는지 살펴본다. '정치이론가라서 정치 이야기만 할 줄 알았는데 아니네?' 하고 생각할 수 있다. 하지만 인간다운 삶으로서 정치를 파고드는 아렌트에게는 우주 또한 정치와 동떨어진 주제가 아니다. 우주에 관한 인간의 관심(집착)을 '인간다운' 관심사의 하나로, 즉 삶의 공간을 넓히고픈 인간의 심리로 다룬다는 점에서 흥미롭게 읽을 수 있다. 이 대목에서, 아돌프 히틀러가 독일인의 '삶의 공간 Lebensraum'을 넓히겠다는 명분을 내세워 전쟁을 일으키고, 여기에 당시 독일의 군부와 대중이 대체로 동의했다는 사실을 기억한다면, 삶의 공간을 넓히려는 인간 욕망의 저변을 논하는 일이 참으로 간단치 않은 문제임을 알 수 있을 것이다.

이 여덟 가지 '철학 연습'을 다 마치면 '정치적으로 생각하기'에 한두 걸음쯤 가까워졌다고 간주해도 좋을까. 나는 '그렇다'고 생각한다. 무슨 근거로? 음, 실제로《과거와 미래 사이》의 안내를 받아 철학 연습에 참여해보면 자연스럽게 스스로 확인할 수 있을 것이라고 답하겠다.

사실적 진리를
거짓말로 교체한 결과,
현실 세계에서
우리 자신의 태도를
결정하는 감각이
파괴되어간다.

Between Past and Future, 1961

자유민주주의?
자유가 무엇인지부터
말하라

《과거와 미래 사이》의 한가운데라 할 수 있는 4장은 자유란 무엇인지 묻는다. 그냥 무심코 구성한 것이라고 대수롭지 않게 지나칠 수도 있지만, 과거와 미래 사이의 정중앙에 자유를 놓았다는 데 의식적으로 의미를 부여하면 좋겠다. 아렌트의 정치사상체계에서 자유가 차지하는 위치와 비중을 고려할 때 충분히 그래도 괜찮을 것이다. 이 글에서 아렌트는 자유를 정치철학적으로 다룬다.

여기서 잠깐, 이야기가 깊어지기 전에 준비운동 차원에서 한 가지만 기억하기로 하자. 아렌트 정치사상에서 자유의 본뜻은 외부의 강압에서 빠져나와 자유롭다고 느끼는 심

적 영역의 정반대편에 놓여 있다는 것이다.[16] 그러니 '자유
란 게 별건가? 자유롭다고 느끼는 게 자유 아닌가?' 하는 생
각은 잠시 접어두기 바란다.

　　아렌트가 강조하고자 하는 자유는 정치적 의미의 자유
로서, 즉 프리덤이다. 프리덤으로서의 자유는 외부의 강제
력이 없는 상태를 가리키지 않는다. 한국어(한자어)에는 '자
유'를 뜻하는 단어가 '自由'밖에 없지만, 영어에는 프리덤 외
에도 하나가 더 있다. 다름 아닌 리버티다. 프리덤과 리버티
는 단어가 다른 만큼 뜻도 다른데, 아렌트는 《과거와 미래
사이》 4장에서 두 자유의 의미가 철학사상사적으로 얽히며
혼용되었음을 밝힌다. 간단히 구별하자면 프리덤은 '태어남'
의 의미고, 리버티는 '벗어남'의 의미다. '태어남'은 책임의
의미에, '벗어남'은 해방의 의미에 더 가깝다고 보면 좋을 것
이다. 아랫글에서 아렌트는 프리덤을 '자유'로, 리버티를 '해
방'으로 구별해 쓴다.

　　　이 자유는 분명히 해방을 전제로 한다. 인간은 자유롭기
　　　위해서 삶의 필요로부터 자신을 해방시켜야만 했을 것
　　　이다. 그러나 자유의 지위는 해방의 행위에 자동적으로
　　　따라오는 것이 아니었다. 자유는 단순한 해방 말고도 동
　　　일한 지위에 있는 타인들의 동석同席을 필요로 했고, 또

한 그들을 만날 공통의 공적 영역을 필요로 했다.

_《과거와 미래 사이》, 290쪽.

나는 프리덤을 '1번 자유'로, 리버티를 '2번 자유'로 호칭할 것이다. 이로써 아렌트가 정치와 관련해 1번으로 강조하는 자유, 2번으로 강조하는 자유가 있음을 드러내고자 한다.

나쁜 자유는 없다지만

아렌트가 말하는 정치의 본질은 1번 자유다. 그렇지만 정치사상사를 들여다보면 1번 자유는 통치적 목적으로 제시되는 '안전'과 빈번히 혼용되곤 했다. 아렌트는 그것을 오류로 지적하며 비난하기보다는 인간의 경험 때문에 그리된 것으로 설명한다. 따라서 자유에 대한 아렌트의 생각을 잘 이해하려는 독자라면, 두 자유를 '모 아니면 도' 식으로 받아들이거나, 흑백논리에 따라 1번 자유는 좋고, 2번 자유는 나쁘다는 식으로 구별하지 않는 편이 좋겠다. 그것이 아렌트의 중립적 태도에 더 가까울 것이다.

1번 자유와 2번 자유의 분리는 자유와 정치의 분리와 관계가 있다. 아렌트는 근대를 지나면서 자유와 정치가 본격

적으로 분리되었다고 본다.[17] 그 무렵부터 내 자유를 위해
선 정치 활동이 벌어지는 공적 영역을 떠나야 한다는 논리
가 득세했다. 쉽게 말해 남들 없는 데서는 내 마음대로 해도
되고, 또 할 수 있다는 생각이 퍼져나갔다. 이를 덜 고상하고
더 세속적인 표현으로 바꾸면 '배짱 꼴리는 대로 하고 싶다'
가 될 수 있다. 바로 이런 의미의 자유는 '정치하지 말자'는
방향으로 나아갈 우려가 있다.

   1번 자유를 누리고픈 사람은 공적 영역에서 타인들의
자유와 자기 자신의 자유가 공동으로 수행되기를 바란다.
반면에 2번 자유, 즉 나만의 자유, 내 가족만의 자유, 내가 관
여한 조직만의 자유를 추구하고 구가하고 싶은 사람은 먼저
자유와 정치를 분리하는 일에 착수할 가능성이 크다. 이러
한 사람은, 꼭 그런 것은 아니지만, 누군가의 자유로운 삶을
위해 정치에서 자유가 분리될 수 있다는 위험한 생각을 키
울지 모른다. 그 누군가가 "(자유를 명분 삼아) 공영역의 관심
사들로부터의 면제를 요구"하게 된다면 말이다.[18] 아렌트에
따르면 이는 비정치적인 것의 추구로, 결국 1번 자유를 면제
받으려는 시도가 된다.

   정치사상가로서 아렌트는 정치에 직결되어 있는 1번 자
유에 무게를 더 싣는다. 그리고 그것을 궁극의 자유로 이야기
한다. 그러나 아렌트는 2번 자유를 나쁜 자유로 떼어놓거나

내다 버리지 않는다. "2번 자유 말고 1번 자유를 선택하시오"
따위의 잔소리도 하지 않는다. 따라서 우리는 어떤 사람이 말
하는 자유를 있는 그대로 받아들이되, 1번 자유인지 2번 자
유인지를 파악하는 데 집중해야 한다. 2번 자유라 해서 자유
가 아닌 것은 아니니까…. 다만 그 자유가 '나만 면제, 내 가
족만 면제, 내 조직만 면제'의 의미로 흐르면 위험하다는 사
실을 잊지 않는 게 중요하다.

의지의 문제

1번 자유를 설명하며 아렌트는 한 가지 요인을 강조한다.
'의지'라는 요인이다.

> 행위가 자유롭기 위해서는 한편으로는 동기로부터, 다
> 른 한편으로는 예측 가능한 결과인 어떤 의도된 목표로
> 부터 자유로워야만 한다.
>
> _《과거와 미래 사이》, 295쪽.

여기서 "동기로부터, 목표로부터 (행위가) 자유로워야 한
다"라는 것은 동기와 목표가 중요하지 않으니 신경 쓰지 않

아도 된다는 뜻이 아니다. 아렌트는 개별 행위에서 동기와 목표가 결정적 요인determining factors이 된다는 것을 알고 있었다.[19] 다만 동기와 목표를 행위가 초월할 수 있어야 한다고 섬세히 구분해 강조한 것이다.

앞서 《인간의 조건》을 살펴보았으니, 이제 우리는 아렌트의 정치사상체계에서 '행위'란 곧 '정치적 삶'을 가리키는 것이며, '인간다운 삶'의 의미를 내포한다는 사실을 쉽게 떠올릴 수 있다. 아렌트는 이 행위 개념에 자유 요인이 필수적으로 들어 있음을 강조한다. 행위는 자유로운 것인데, 이때 '자유'란 어떤 동기나 목표에 매여 있지 않음을 가리킨다.

그런데 역사적으로 철학자들이 자유의 문제에 관심을 보이기 시작한 시점은, 타인들과 함께 있는 가운데 생생히 체험되는 1번 자유를 누리고 있을 때도 아니었고, 1번 자유를 새삼스레 발견한 때도 아니었다. 자유가 '자유의지'로 살짝 변형되어 이해될 때부터였다. 그렇게 철학적으로 고찰된 자유의지의 의미가 정치 영역으로 다시 불려와 자유의 의미에 적용되었다. 실제로 아렌트는 프랑스혁명기에 활동한 두 정치 저술가의 말을 예로 들며 자유의 의미가 자유의지의 의미로 살짝 옮겨 이해되었음을 보여준다. 국제적 혁명이론가 토머스 페인은 "자유롭기 위해서는 (인간이) 그것(자유)을 의지하는 일이면 충분하다"라고, 군인 출신 정치가이자 사

상가인 마르키스 드 라파예트는 "국가가 자유롭기 위해서는
국가가 자유롭기를 원하기만 하면 된다"라고 말했다.[20]

　　자유의지는 자유가 아니다. 1번 자유는 더더욱 아니다.
아렌트는 그렇게 믿는다. 그렇다면 1번 자유는 도대체 어떤
것인가.

인간만이 부여받은 최고의 선물

인간의 삶은 자동적 과정을 따른다. '자동적 과정'이란 인간
이 주도하지 않는 과정, (인간이 작동하는 대신) 인간에게 작동
되는 삶의 단계를 가리킨다. 한마디로 늙고 병들어 쇠잔해
진 끝에 결국 죽는 것, 그것이 자동적 과정이다. 다른 말로
하면 '자연적 질서'다. 이 세상에 태어난 어느 누구도 이 자
동적 과정, 생로병사의 자연적 과정을 거스르지 못한다. 그
러나 인간은 그 과정을 그냥 따라가기만 하는 존재가 아니
다. 인간은 '존재에서 비존재로 이동하는', 이른바 탄생에서
죽음에 이르는 자동적인, 또는 자연스러운 삶의 과정을 기
계적으로 따라가지만은 않는다. 자동적 과정에 맞서 자신을
표명하는 인간적 사건이 일어나는데, 아렌트는 이를 자유로
일컫는다.

그러니까 자유는 무엇을 제멋대로 하거나, 제 마음대로 안 하거나 하는 따위의 것이 아니다. 아렌트에 따르면 자유란 인간이 자연적이고 자동적인 궤도를 무작정 따라가는 대신 무엇인가를 새롭게 시작하는 현상이다. 이 자유는 '태어남'의 의미를 표방하는 1번 자유다. 1번 자유는 인간만이 부여받은 최고의 선물이다.[21]

결국 아렌트가 강조하는 것은 자유에 대한 정치적 이해다. 그 이해의 내용은 '자유는 선물이다'와 '자유는 기적이다'라는 두 명제로 요약된다. 즉 모든 인간이 자유롭다면 각자의 재산, 계층, 젠더, 인종, 종교가 어떠하든 서로가 서로에게 선물로 작용할 뿐 아니라, 기적을 기대하고 예견하며 타인을 기적으로 마주하리라는 게 아렌트의 '정치적 자유론'이다. 나만의 자유? 너만의 자유? 그런 건 없다. 진정으로 자유로운 사람은 타인에게 무시당하지 않고 창피당하지 않으며, 무언가를 타인에게 강요하지도 않는다. 자유는 '태어남'의 의미여서, 내가 소유하는지 여부와 무관하다. 내가 있고 타인이 있으면 바로 거기에 자유도 있다. 있어야 한다.

자유는 반가운 선물이자 예기치 못한 기적이다. 세상 모든 사람의 자유가 그러하다. 누군가 자유를 주장할 때 그가 어떤 뜻으로 자유를 말하고 듣는지, 1번 자유에 가까운지 2번 자유에 가까운지 따져보자. 꽤 재미있을 것이다.

인간만이
부여받은
최고의 선물,
자유.

Between Past and Future, 1961

The Origins of Totalitarianism, 1951

Men in Dark Times, 1968

The Jewish Writings, 2007

2장

•

정치라는 문제

성난 개인들의 시대를
위로하는 법

평등하게
태어나지 않은
우리에게 필요한 것

《전체주의의 기원》을 읽기에 앞서 자부심 한번 느껴보자고 제안한다. 아렌트의 행위 개념이나 노동 개념은 사실 굉장히 까다로운 것들인데, 《인간의 조건》에 나온 몇 가지 핵심 개념을 1장에서 잘 파악하고 2장으로 무사히 넘어왔으니 말이다. 자신에게 축하의 박수를 보낸 다음, 다시금 각오를 다져보자! 또 다른 까다로운 개념들이 《전체주의의 기원》에서 우리를 기다리고 있으니….

　《전체주의의 기원》에는 여러 개념이 나오지만, 그중 '평등'을 먼저 살펴보겠다. 결론부터 말하면 아렌트는 평등을 천부인권으로 풀이하지 않는다. 오히려 '평등은 천부인권'이

라는 일반 상식을 반박한다. 도대체 이게 무슨 소린지 싶겠
지만, 사실이다. 〈세계 인권 선언〉 첫머리에 당당히 선언된
천부인권과 평등 사이를 아렌트는 멀리멀리 떨어뜨려놓는
다. 천부인권이 아니니까 평등은 별로 중요하지 않다는 것
인가. 물론 그런 뜻은 아니다. 전혀 아니다.

　아렌트는 누구보다 막중하게 평등을 존귀한 것으로 고
이고이 다룬다. 다만 천부인권의 의미로 평등을 다루지 않
을 뿐이다. 그럼 무슨 의미로 평등을 다룰까. 아렌트가 직접
사자성어를 인용한 적은 없지만, 내가 이해한 바를 따라 표
현하면 '결자해지'로서의 평등이다. 평등 문제는 하늘에 달
려 있다기보다는 인간에게 달려 있다는 것이다.

신의 이름으로

사실 천부인권이라는 단어 자체에 하늘로 은유되는 신의 권
위를 평등에 덧입히려는 의도가 들어 있다. 영어로 보아도
마찬가지다. 'God Given Rights.' 신의 높은 권위에 편승하겠
다는 저 당당한 의지! 신에게 저항해선 안 되듯이 평등에 저
항해선 안 된다는 의도가 사뭇 거룩하게 내포되어 있다.

　그런데 이와 정반대의 것으로서 카스트가 있다. 인도,

또는 네팔의 전통 규범인데, 지역에 따라 오늘날에도 여전히 유지되고 있다. 이곳 사람들은 카스트에 따라 사람의 신분을 나누고 차별하는데, 이때 불평등을 정당화하는 근거가 무엇인지 아는가. 바로 '신'이다. 힌두교에서 천부인권 개념의 적용은 차별 행위를 철저히 관철하는 일과 다르지 않다. 힌두교는 사람이 태어날 때 신이 깨끗함의 단계를 정해준다고 설파한다. 깨끗함의 단계를 순서대로 열거하면 '브라만-크샤트리아-바이샤-수드라'다. 브라만이 제일 깨끗하고, 수드라가 제일 안 깨끗하다. 그리고 너무나 더러워 아예 카스트 안에 포함되지도 못하는 부류가 있다. 아웃카스트outcaste, 불가촉천민untouchable으로 불리는 '달리트'다. 신의 명령을 독실하게 잘 따르는 힌두교인은 이러한 차별을 잘 구현하는 사람이다.

힌두교의 신(들)은 불평등을 조장하고, 거기에 근거를 부여하는 존재(들)로 현현해 막강한 종교적 권위를 뽐어낸다. 현대에 들어서면서 인도 젊은이들을 중심으로 카스트에 대한 신의 권위, 종교적 믿음이 약해지는 중이라는데, 다행스럽다.

힌두교의 신과 달리 기독교의 신은 평등을 강조한다고 기독교인들은 주장하고 싶을 것 같다. 실제로 기독교의 신은 평등을 강조하는 구절들을 성서에 기록으로 남겨두었으니 물증도 있다. 하지만 이건 그리 간단한 문제가 아니다. 가령 성서에서 성평등을 배반하는 구절을 찾는 건 그리 어려운 일이 아니다. 또한 2023년 현재 대한민국에서 '차별하지 말자는 법안'에 신의 이름을 앞세워 적극적으로 반대하고 나선 이들 중 가장 높은 비율을 차지하는 집단이 바로 기독교인들이다.

'차이'라 쓰고 '차별'로 읽는 사람들

아렌트는 인간은 평등하게 다르다고 이야기한다. 아닌 게 아니라, 김연아는 피겨 여왕에 등극할 자질을 갖고 태어났고, 우사인 볼트는 번개 같은 속도와 쇼맨십 가득한 넉살을 갖고 태어났다. 프란츠 리스트는 평균보다 두 배쯤 큰 손과 긴 손가락의 소유자였다. 토머스 에디슨은 발명 분야에서 평균치를 넘어섰고, 아이작 뉴턴과 알베르트 아인슈타인은 발견 분야에서 평균치를 벗어났다.

신을 주어로 삼아 이러한 현상을 설명하자면 다음과 같은 문장이 나올 것이다. '신은 사람들에게 차이를 나타나게 했다.' 그런데 여기서 '차이'를 '차별'로 읽는 일들이 벌어진다. 도대체 어느 누가 그렇게 글자를 이상하게 읽느냐고? 우리 중 어떤 이들이 용감하게 그런 일을 저지른다.

　그들은 지극히 태연하게 차이를 차별로 읽어낸다. 그런 다음 평등이 실천되지 않도록 노력을 기울인다. 예컨대 미국에서 피부색이 옅은 경찰이 상대적으로 피부색이 짙은 누군가가 손에 무언가를 들고 있다는 이유만으로 "꼼짝 마, 손 들어!"라고 경고했다고 해보자. 이때 경찰이 그 무언가가 총임을 '알아보고' 선제적으로 총격을 가해 상대방을 사살했다면? 대부분의 사람은 경찰의 결정을 이해할 것이다. 경찰의 변호사뿐 아니라 판사도 그러한 이해에 동의한다. 설사 이후의 조사 과정에서 문제의 물건이 총이 아니었다는 게 확인되고, 그래서 경찰이 과잉 대응했다는 게 밝혀질지라도, 상황은 크게 달라지지 않는다. 이런 상황에서 경찰이 살인죄로 기소되는 사례는 거의 없다. 혹시 기소된다고 하더라도 재판을 통해 실형을 선고받는 경우는 더 없다. 흑인 대통령이 선출되고 재선되는 역사적 사건을 경험했건만 미국의 공권력은 흑인에게 여전히 훨씬 더 가혹하다. 달리 말하면 차별적이다. 몇 년 간격으로 미국에서는 용의자도 아닌 일반인인 흑인이 크게 다치거나 사망하는 사건이 재발한다. 왜 그럴까. 미국 사회 구성원 중 피부색의 차이를 차별로 읽는 사람들이 아직도 제법 많기 때문이다.

　차별 사건이 일어나면 사람들은 약속이라도 한 듯 천부

인권을 강조하며 항의한다. 물론 천부인권 주장은 어느 정도 효과가 있다. 그러나 신이 인간을 평등하게 세상에 낸다는 말이 정말 맞을까. 사실 신은 인간을 피부색뿐 아니라 성별, 인종, 재능, 신체나 얼굴의 크기와 비율 등이 서로 다르게, 이른바 불평등하게 이 세상에 낸다.

그러니 신의 뜻과 권위는 만병통치약이 될 수 없다. 물론 그것이 먹히는 사람들도 있다. 하지만 하느님을 믿는 기독교인들조차 그 권위에 그대로 순종하지 않는 모습을 보인다. 그러니 온 인류가 그런 식의 종교적 분석과 해결을 일사불란하게 따를 리 없고, 따라야 한다고 억압할 수도 없다.

차이라 쓰고 차별로 읽는 사람들은 세대를 막론하고, 남녀를 막론하고, 연령을 막론하고, 종교를 막론하고 유사 이래로 끈질기게 존재해왔다. 아마 세상이 종말을 맞은 이후 살아남은 극소수의 생존자 사이에서도 차별은 존재할 테다. 인간 사회의 차별 현상이나 차별 의지는 어쩌면 바퀴벌레의 생존력보다 더 끈질기고 지독한 것일지 모른다.

인간의 평등은 인간에게 달렸다

아렌트는 선천적, 또는 후천적 차이에 서열을 매겨 불평등을 조장하고 강화하는 장본인이 인간 자신임을 고발한다. 정직하게 들여다보자. 애초에 각자의 차이를 불평등으로 이해(오해! 그리고 곡해!)한 당사자가 우리 인간이다. 또 차이를 빌미로 차등을 조장하고 차별로 나아가는 당사자도 우리 인간이다. 그리하여 아렌트는 주장한다. 불평등한 인간관계의 해결을 신에게 의존하지 말고, 인간 스스로 인간 차원에서 공적으로 해결하자! 아니, 해결할 수 있다! 결자해지!

> 우리는 평등하게 태어나지 않았다. 우리는 상호 간에 동등한 권리를 보장하겠다는 우리의 결정에 따라 한 집단의 구성원으로서 평등하게 되는 것이다.
>
> _《전체주의의 기원 1》, 540쪽._

　차이를 빌미로 차등을 조장하는 사회의 끔찍한 전형이 가까운 과거에 있었다. 1933년 독일 권력의 정점에 올라 제2차 세계대전을 일으켰다가 1945년 패배하며 파멸했던 나치 체제다. 아렌트의 분석에 따르면, 이는 이전에도 없었고 이후에도 없을(아니, 없으면 좋을) 전체주의 체제다. 전체주의 체제는 평등을 지독히 싫어하고, 평등에 대해 협의하는 상황 자제를 거부한다. 그 체제 안에 평등은 없다. 우월과 열등만이 존재하며, 우열을 잘 골라내고 폭력적으로 다루기를

선호한다. 나치 체제 치하에서 장애인, 집시, 유대인 등은 열
등 종족으로 분류되었고, 그 즉시 세상에서 몰살되어야 하
는 집단으로 인식되었다. 나치 체제는 평등을 좋아하지 않
았다. 평등 혐오 속성은 자신을 '적어도 평균치 이상'으로 여
기는 이들에게 전염이 잘되는 편이다. 이른바 엘리트들이
나치 체제에 얼마나 잘 협조했는지는 뉘른베르크 국제군사
재판에서 자료로 제시되었던 '지능지수IQ 기록표'를 보면 금
방 확인된다. 일례로 나치의 2인자 헤르만 괴링Hermann Göring,
히틀러가 직접 택한 후계자 카를 되니츠Karl Dönitz의 지능지
수는 138로 상위 2퍼센트 안에 들었다. 반면에 종종 평균치
이하의 사회적 대우를 받으며 자기 자신을 의심하던 사람들
은 혐오에 동조함으로써, 자기 자신의 위치를 평균치 이상
으로 상향 조정하려 한다. 예를 들어 독일인이 유대인을 문
제 삼자, 이에 적극적으로 협조한 것은 그 전부터 차별당하
던 폴란드인이었다.

　아렌트는 평등을 보호하는 계기가 선천적인 것 대신 후
천적인 것에서 나온다고 지적한다. 유대인이 폴란드나 러시
아라는 후천적 지위, 즉 사회적 지위를 잘 유지하고 있을 때
는 괜찮게 살았다. 그러다가 그 사회적 지위를 상실한 바로
그때 유대인은 위험해졌다. 뒤집어 말하면 그때까지의 사회
적 지위가 그들에게 평등을 보장해주었던 것이다. 여성은

비슷한 상황을 자주 겪는다. 여성의 사회적 지위가 명시적으로 드러나지 않은 상황에서 그들 각자는 단지 '아줌마'로 통칭된다. 이 단어 뒤에 이어지는 것은 대체로 반말이거나 하대하는 투의 폭언이다. 흑인의 경우는 어떨까. 마찬가지다. 우리가 서울 한복판에서 어느 흑인을 마주쳤다고 하자. 그가 이주노동자라면 우리의 태도는 어떠할까. 반대로 그가 교환교수로 입국한 저명한 박사라면 우리의 태도는 또 어떠할까. 굳이 글로 옮기지 않아도 태도의 차이가 드러나리라는 것을 짐작할 수 있다. 이것이 바로 아렌트가 강조하는 지점이다. 천부적 특징이 나타날 때, 그래서 천부인권이 효력을 발휘해야 할 때, 정작 천부인권으로서의 평등은 고장 나기 쉽다는 것.

우리의 문제에서 나의 문제로

평등을 우선하지 않는 사람들은 오늘날에도 많다. 성적이 좋은 고등학교 3학년 학생들이 의과대학에 진학하는 건 평등하게 대우받기 위해서일까. 자녀를 둔 학부모들이 늘 서울대학교 진학을 강조하는 건 우리 사회를 더욱 평등한 곳으로 만들기 위해서일까. 대부분의 경우 평등의 가치는 거의 고려되지 않는다.

　이러한 사회 현실을 미화하지 않고 있는 그대로 바라보기에, 아렌트의 평등사상은 평등의 결정권자가 우리 자신임을 강조한다. 평등의 문제를 신에게 떠넘기지 말고 우리가 직접 처리하자는 것이다. 인간 사회의 평등 시스템에 오류를 일으킨 원인 제공자가 인간이니, 그 오류를 해결할 자도 인간이다. 아렌트는 불평등 해결에 뛰어들어야 할 책임이 공동체 구성원 모두에게 있다고 역설한다. 우리가 상호 간에 동등한 권리를 보장하겠다고 자율적으로 결정하고, 또한 그러한 결정에 "힘strength을 실어주는" 집단의 구성원일 때, 우리는 말 그대로 평등해지기 때문이다.[1]

　아렌트의 평등관을 따라가다 보면 평등을 '나'의 문제로 진지하게 받아들여야 한다는 점을 생각하지 않을 수 없다. 그렇다. 우리는 평등이 개인의 문제이자 우리 공동체의 문제란 사실을 명확히 인식하고 그것을 정치적으로 진지하게 다뤄야 한다. 그러려면 평등이 공동체 안에서 기회 있을 때마다 공론화될 필요가 있다. '또야?' 하면서 지겨워하지도 말고, '답이 없네' 하면서 지루해하지도 말고….

상호 간에
동등한 권리를
보장하겠다는
우리의 결정에 따라
평등하게 된다.

The Origins of Totalitarianism, 1951

'답정너' 사회의 전체주의

《전체주의의 기원》은 크게 세 부분으로 구분되어 단계적으로 전개된다. 첫째는 반유대주의, 둘째는 제국주의, 셋째는 전체주의다. 한국어 번역본에서 첫째와 둘째는 1권에, 셋째는 2권에 담겨 있다. 아렌트는 저 셋째에 이르러 비로소 전체주의의 대표적 사례(나치 체제와 스탈린 체제)를 다룬다.

아렌트는 반유대주의와 제국주의 그리고 전체주의를 논하는 와중에 계속해서 인간의 본성을 환기한다. 즉 아렌트는 《전체주의의 기원》을 통해 인간의 본성을 탐구한다. 좀 더 정확하게 다시 설명해보겠다. 아렌트는 모든 인간이 아니라 어떤 특정한 속성을 지닌 인간을 특별히 더 문제 삼

고, 더 심사숙고한다. 아렌트는 그러한 인간이 문제가 될 수
있다고 본다. 그들은 각자의 '다름', '다른 생각', '차이'를 인정
하지 않는다. 획일화를 선호하는 것이 그들의 특징이다.

아렌트에 따르면 전체주의 운동이 전체주의 체제를 일
으키는데, 운동이든 체제든 전체주의는 '튀지 않는' 걸 중시
한다. 운동을 통해 획일화의 흐름이 잘 퍼져나가도록 이끌
고, 마침내 그것을 체제로 완성한다. 따라서 '모난 돌이 정
맞는다'라는 말을 좌우명 삼아 정성껏 실천하되, 성실하기
까지 하다면 전체주의하에서는 출세할 수 있다.

그런데 인간은 어지간하면 자기 개성을 포기하지 않는
다. 이기적으로 자기 이익만을 주장한다는 것이 아니라, 내
가 어떤 사람인지 상대에게 알리고픈 기초적 욕구를 품고 있
다는 것이다. 인간은 행위를 통해 자신을 드러내고 싶어 한
다. 적극적으로든 소극적으로든 내가 어떤 사람인지 알려지
기를 원한다. 개성을 알리고 알아주는 것은 인간관계의 기본
이다. 그러한 인간관계가 정치적 영역을 풍성하게 한다.

말하지 않아도 알아요

하지만 전체주의는 각자의 개성을 하나하나 인정하는 일에

신경 쓰지 않는다. 모두가 자기 개성을 드러내기 시작하면 그만큼 고려할 사항들이 많아지기 때문에 전체주의 특유의 전체적 통일성이 흔들린다. 그래서 전체주의는 개성이 아예 드러나지 않도록 초장에 예방한다. 사람들을 심리적으로 단단히 밀착시키는 것이다. 사람들 사이에 심리적 공간이 충분히 확보되어 있으면 서로서로 바라보고 관찰하며 대화할 수 있다. 심리적 공간을 사이에 두고 자신의 정체성이 상대방의 정체성과 얼마나 다른지 확인할 수 있다. 그러나 밀착되어 있으면, 바꿔 말해 너랑 나랑 똑같다는 전제가 비현실적으로 지나치게 확고하면, 개성이나 정체성의 관찰이 어려워지거나 아예 관찰할 필요가 없어진다. 대화할 필요도 사라진다. 말하지 않아도 다 아니까, '답정너(답은 정해져 있고 너는 답만 하면 돼)'처럼 답은 다 정해져 있으니까 대화할 이유가 없다. 예를 들어 유대인 때문에 독일인이 고통받는다는 선언이 입증조차 불필요한 사실, 또는 진리가 되어버리면 사람들은 그것에 대해 더는 대화하지 않는다. 고통을 줄이려면 어떻게 해야 할지 그 대안을 모색하는 데 열중한다. 전체주의는 공통의 화제로 사람들을 밀착시키고 다른 의견은 없다고 확신시킴으로써, 자유를 질식시킨다.

이렇게 전체주의 운동이 전개되고, 그 운동이 확산하는 와중에 전체주의 체제가 도래한다. 이때 전체주의 운동이

유독 선호하는 사람들이 있다. '초록은 동색이야', '오십보백보니까', '우리가 남이가' 같은 사고방식에 물든 사람들이다. 이들은 다름을 인정하지 않는다. 이들은 후덕하고 관용적이며 온정 많은 사람들과 다르다. 한데 묶는 것을 좋아하고, 비슷한 것이 나타나면 똑같다고 일반화하며, 차이에 둔감하다. 대부분의 차이를 인정하지 않으려 하고 각자의 고유한 개성을 인식하지 않으려 한다. 자신에게 동의해주면 좋아하고, 자신과 다른 생각과 느낌을 드러내면 미워한다. 전체주의 운동은 이런 사람들을 아주 좋아한다. 한마디로 사실과 허구(경험의 진실)의 차이, 참과 거짓(사유의 표준)의 차이가 더는 존재하지 않는다고 간주하는 사람들이 바로 "전체주의 지배의 이상적인 신하"다.[2]

언제나, 어디에나 있다

전체주의는 흔히 좌우로 나뉘는 정치 세력 모두에 존재할 수 있다. 좌의 대표적 전체주의는 스탈린주의고, 우의 대표적 전체주의는 나치즘이다. 그러니까 전체주의는 좌우의 문제가 아니다. '좌파니까 그렇지', '우파니까 그렇지' 하는 식의 단정은 몹시 위험하다.

어떻게 보느냐에 따라 전체주의는 모든 사회운동에 내
재되어 있기도 하다. 하나의 사회운동으로서 전체주의는 사
람들을 한 방향으로 몰아가는 탓에, 그들 사이의 '여유 공간
in-between'을 파괴할 수 있다. 전체주의 운동은 '큰 하나'가 되
는 것에 초집중하도록 모든 사람을 조직함으로써, 전체적으
로 지배하는 방식을 일컫는다. 바꿔 말해 인간을 하나의 목
적에 충성하는 숫자 묶음으로 헤아리는 방식이다. 따라서
이론적으로만 따지면, 좌든 우든 모든 종류의 사회운동은
전체주의적 운동 방식을 차용할 수 있다. 운동의 효율성을
위해 획일성을 추구하고, 운동의 집약된 힘을 위해 다른 의
견을 절대 허용하지 않으며, 운동의 대열 안에 들어온 사람
들을 지도부 중심으로 통일하려는 의도가 강하다면, 그 운
동은 전체주의적 운동이다. 모든 사회운동을 의심 가득한
눈으로 바라보자는 이야기가 아니다. 다만 위에 예시한 인
간 유형을 사색하고 성찰할 때 이른바 진보적 사회운동을
예외로 두지 말자는 것이다.

전체주의 지배의
이상적인 신하는
사실과 허구의 차이와
참과 거짓의 차이가
더는 존재하지 않는다고
간주하는 사람들이다.

The Origins of Totalitarianism, 1951

전체주의의
세 가지 요인

《전체주의의 기원》을 몇 줄 읽지 않은 이들이 할 법한 일로, (본인 마음에 들지 않는) 특정 정권을 가리켜 전체주의 정권이라고 명명하는 경우가 종종 있다. 이러한 명명은 옳을 수도 있고, 틀릴 수도 있다. 따라서 무작정 동조하기보다는 어떤 정권을 예로 드는지, 그 근거가 무엇인지 잘 들여다보고 판단해야 한다. 전체주의 이론가 아렌트에 따르면, 어느 정권이 전체주의적 성격을 띠기 위해서는 다음 세 가지 요인(또는 개념)이 필요하다.

테러: 공포의 왕국

첫 번째 요인은 정권의 통치 형식과 관련된다. 전체주의 통치 형식의 본질은 '테러terror(공포)'다.[3] 한마디로 겁을 줘 통치하는 것이다. 정권은 국민에게 어떻게 겁을 줄까. 이웃끼리 사상 검증을 하도록 유도했던 스탈린 정권, 온 국민을 뒷조사하는 기구로 돌격대SA, 친위대SS, 보안대SD 같은 비밀경찰을 운영했던 나치 정권, 특정 단어만 넣어도 금서禁書로 지정하고 반정부 발언을 하거나 들으면 체포해 고문과 처형을 일삼은 박정희 정권을 떠올려보라. 겁에 질린 사람들은 조심조심 살았고, 정부의 지시를 고분고분 따랐으며, 내심 반대 의견을 가졌을지라도 최소한 따르는 시늉은 했다.

그렇다면 문재인 정권은 어떠했는가. 가볍게 한 가지 사례만 살펴보자. 지난 2020년 2월 극우 목사로 유명한 어느 인사가 공직선거법 위반으로 구속되었다가 60여 일 만에 보석을 허가받아 풀려났다. 그는 석방 당일 기자들 앞에 서서 특유의 미소를 지으며 '현 정권의 선거 조작'을 주장했다.[4] 물론 그의 표정은 전혀 겁에 질려 있지 않았다. 정부가 그를 겁박하지 않았기 때문이다. 목사의 밑도 끝도 없는 반정부적 발언을 기사화한 기자들은 겁을 먹었을까. 물론 전혀 아니다! 박정희 정권, 특히 유신 시대에 누군가의 반정부적 발

언을 기사화하는 순간 그 기자는 생계뿐 아니라 목숨마저
위협당했던 사실을 기억해보라(당시의 해직 기자들이 좋은 예
다). 반면에 문재인 정권 시절은 '아무 말 대잔치'가 시도 때
도 없이 벌어졌다. 물론 목사를 못마땅하게 여기는 많은 사
람이 그를 제지하려고 노력했다. 그러나 그것은 '그러다 쥐
도 새도 모르게 죽는 수가 있어'라거나, '우리도 위험해져'라
는 식의 두려움이 배인 반응과는 달랐다. 개인적 불쾌감과
피로감이 컸다. 오해가 없기를 바란다. 문재인 정권을 옹호
하는 것이 아니다. 아렌트의 전체주의 이론을 우리 현실에
적용하면 문재인 정권보다는 박정희 정권이 전체주의 체제
에 가깝다는 잠정적 결론을 설명할 뿐이다.

조직: 무오류의 지도자

두 번째 요인은 지도자의 특징이다. 이른바 전체주의적 지
도력의 비밀은 '조직'이다. 전체주의 체제의 대명사인 히틀
러의 나치는 "광명천지에 설립된 비밀결사"로 불렸다.[5] 히틀
러와 나치에 동조할 때 사람들은 '드디어 내가 내부자가 되
었구나!' 하는 안도감, 안정감, 소속감을 보상으로 얻었다.

    그런데 내부자가 된 사람들은 내부자가 된 즉시 내부 안

에 또 내부가 있고, 그 안에 또다시 내부가 있는, 이중삼중으로 겹겹이 둘러싸인 내부자 뭉치를 목도하게 되었다. 내부자 간에는 엄격한 서열 또한 존재했다. 제일 바깥쪽에는 최초 입문자들이 있었고, 중간쯤에는 중간 입문자들이 있었으며, 제일 안쪽에는 히틀러의 심복들이 소수 있었다. 이러한 나치의 조직 구조를 가리켜 아렌트는 '양파형 구조'라고 불렀다. 이 양파형 구조에서 히틀러는 제일 안쪽의 속껍질에 해당한다. 그렇다고 히틀러가 '알맹이'라는 뜻은 아니다. 어디까지나 양파형 구조인 만큼 히틀러 또한 내실 있는 알맹이가 아니라 껍질에 불과하다.[6]

나치 치하의 독일인들은 히틀러가 오류를 저지르지 않으리라 확신했는데, 그를 불세출의 위대한 인물로 믿어서가 아니라 나치 조직을 믿었기 때문이다. 시쳇말로 '조직이 다 했다.' 예를 들면 이런 식이다. 조직에 '완전히 입문'한 사람들이 A를 추진하면, '반쯤 입문'한 사람들이 A를 뒷받침하며, '장차 입문'할 사람들이 A를 널리 퍼뜨린다. 그렇게 조직이 움직이면 사람들의 마음에 A는 해도 괜찮은 일이라는 '느낌적인 느낌'이 생겨난다. 나아가 'A가 진짜 불온하다면 이렇게 조직적으로 실시될 리 없잖아?' 하는 생각 또한 고개를 든다. 유대인 차별 정책을 집대성한 뉘른베르크 인종법은 '독일인 각자가 스스로 유대인이 아님을 증명하는 절차'에 참여케 하는 조직적 실천을 이끌어냈다. 이 조직적 실천이 정책의 무오류성을 방증했다. 다수의 사람이 조직적 실천에 연루된 것을 보며, 저렇게나 많은 사람이 연루된 정책이 잘 못되었을 리 없다고 생각했던 것이다. 내부자들과 동조자들이 점차 늘어나자, 사람들은 '내가 잘못된 길로 가고 있지 않구나' 하며 안심했다.

정리하면 무오류로 여겨지니까 무오류고, 무오류를 믿을 수 있으니 무오류다. 하지만 세상천지에 무오류의 인간은 없다. 마찬가지로 무오류의 조직도 없다. 그런데도 인간 조직의 무오류나 전지전능한 인간을 믿고 싶은 사람이 있을 수 있다. 예를 들어 어떤 사람들은 검찰 조직의 무오류를 확신한다. 그런데 아렌트에 따르면 그건 위험한 믿음이다. 전체주의 운동은 조직 무오류성에 대한 확신에서 시작된다.

폭민: 다수의 성난 개인들

세 번째 요인은 '폭민mob'이다. 폭민은 '대중'과 아주 다른 집단이다. 아렌트는 폭민을 '정상적 사회관계의 결여'로 고립된 사람, 개인적 실패를 특정한 사회적 불의의 관점에서 재정리하며 세계를 단순하게 판단하는 사람으로 풀이한다. 홀로 있을 때는 자존감을 느끼지 못하고 만족하지도 못하는 사람이 자기와 비슷한 이들과 모여 비슷한 관심을 공유할 때만 위로받고 만족하는 현상이 폭민 현상이다.

폭민은 서로 다른 의견을 동등하게 제출하고 토론하는 방식의 민주주의적 교양을 갖추는 데는 별 관심이 없다. 이들은 정치 자체에 냉담한데, 격렬한 적대감을 표명할 수 있는 대상이 나타나면 한껏 흥분할 준비가 되어 있을 뿐이다. 사람들이 많이 모여 하나의 주제를 강력하게 떠드는 곳이라면 어디로든 무리 지어 달려가 목소리를 더할 채비를 갖춘 "다수의 성난 개인들"이다.[7] 중국 문화대혁명 당시 나이 어린 홍위병들이 당대의 권위 있는 예술가, 학자, 교사, 관료들에게 함부로 폭력을 가할 수 있었던 것도 그들의 속성이 "다수의 성난 개인들"이었기 때문이다.

아렌트의 관찰에 따르면 폭민은 근대 국민국가가 들어선 이후 유럽에서 최초로 탄생했다. 그들은 각각 독일과 러시아에서 나치 체제와 스탈린 체제로 흡수되었다. 그 후 몇몇 국가에서 잠깐씩 출몰했다가, 현재로선 소멸한 듯 보인다. 하지만 아렌트는 공포 분위기 속에서 적당한 계기만 뒷받침된다면 그들은 얼마든지 재등장할 수 있다고 경고한다.

그런 사람은 (…) 단지 운동에 속해 있다는 사실과 당원

자격으로부터 사회적 존재의 의식, 즉 이 세상에 자기의

자리가 있다는 의식을 이끌어낸다.

_《전체주의의 기원 2》, 44쪽.

만약 공포 분위기 가운데 폭민을 동원하고, 조직 무오류성을 의도적으로 퍼뜨리는 지도자가 때마침 등장한다면, 제아무리 투표로 선출된 정권이라 할지라도 전체주의적 성격을 띨 수 있다. 따라서 한 국가에 전체주의 정권이 들어섰는지를 객관적으로 판단하고 싶다면, 전체주의 이론가 아렌트가 말한 세 가지 요인이 출현했는지를 살펴보면 좋을 것이다. 테러, 조직 무오류성을 이용하는 지도자, 폭민.

반대로 세 가지 요인 중 하나 이상이 건전하게 검토되고, 건강하게 해체되는 사회에서는 전체주의 운동이 확산하지 않으리라고 잠정적으로 결론지을 수 있다. 지금 우리 대한민국을 살펴보자. 과연 어떠한가.

전체주의 사회에서는
명백하게
포함되지 않는
사람이
배제된다.

The Origins of Totalitarianism, 1951

불확실하게
깜박이며
약할지라도 빛나는

우리는 가장 어두운 시대에도 밝은 빛을 기대할 권리를 가지고 있다. 그리고 그러한 밝은 빛은 이론이나 개념에서 나오는 게 아니라 오히려 불확실하면서 깜박이는 약한 불빛에서 나올 수 있다.

_《어두운 시대의 사람들》, 63쪽.

아렌트가 《어두운 시대의 사람들》에서 유독 마음을 쓴 사람은 두 명인 듯싶다. 바로 발터 베냐민과 카를 야스퍼스다. 베냐민을 다룬 글은 이 책을 통틀어 제일 길다. 그 글만 똑 떼어내 단행본으로 출간할 수 있을 정도의 분량이다.[8] 한편 야스퍼스에 관한 글은 두 편이나 된다. 글의 분량과 개수로 은 근히 표현된 아렌트의 마음이랄까….

참고로 《어두운 시대의 사람들》을 읽을 때 기억해둘 것 이 있다. 중간제목 중 어떤 것들은 아렌트 자신이 아니라 옮 긴이가 붙였다는 사실이다. '아렌트'가 들어간 중간제목을 만나면 '옮긴이가 붙였구나' 생각하면 되지 싶다. 아렌트가 스스로 자기 이름을 넣지는 않았을 테니 말이다. 《어두운 시 대의 사람들》에 관한 소개는 이 정도면 충분해 보인다. 이제 직접 어두운 시대의 사람들 이야기로 들어가보자.

진리의 수호자, 또는 대화의 옹호자 레싱

《어두운 시대의 사람들》의 첫 번째 글은 '어두운 시대의 인 간성: 레싱에 관한 사유'다. 이 글은 1959년 레싱상 시상식 에서 강연한 원고를 정리한 것이다. 아렌트는 서두에서 레 싱상을 받는 일이 "세계에 대한 의무감"을 부과한다고 밝힌 다.[9] 수상의 명예뿐 아니라 "세계에 대한 의무감"을 수용한 다고 고백한 셈이다.

아렌트는 인간 세계 안에 절대 진리란 존재하지 않으므 로 끊임없이 대화할 필요가 있음을 즐겁게 받아들인 데 고

트홀트 에프라임 레싱Gotthold Ephraim Lessing의 위대함이 있다고
선언한다. 다만 안타깝게도 대화와 논쟁의 필요를 즐겁게
받아들였건만 레싱은 결국 시대의 어두움에 압도되는 운명
을 맞았다. 대화와 논쟁을 이어가고자 노력한 레싱은 대화
와 논쟁을 회피하려고 갖은 노력을 기울이는 사람들과 우정
을 나지는 데 실패하고 말았다. 어두운 시대에 레싱은 어차
피 성공할 수 없는 과제를 추구하고 있었던 셈이다. 성찰하
는 사람은 어두운 세계에서 존재할 공간을 찾기 어렵다.

　　아렌트가 보기에 완전히 정치적인 인간이었던 레싱은
자신의 모든 작품을 통해 오직 "진리가 대화를 통해서 인간
화될 수 있는 곳 그리고 (…) '진리라고 생각하는 것'을 말하
는 곳"에 진리는 존재한다고 끝없이 주장했다.[10] 다양한 다
수의 의견이 단순한 하나의 의견으로 묶이는 곳에서 세계는
사라진다. 비인간화된다. 레싱은 그러지 않으려고 노력했
다. 아렌트는 세계의 비인간화를 끊임없이 염려했던 레싱의
이야기를 마치며, 진리에 대한 그의 한결같은 외침을 대신
들려준다.

　　　모든 사람 스스로가 진리라고 생각하는 바를 말하게 하
　　　라. 그리고 진리 그 자체는 신에게 맡겨라.

　　　　　　　　　　　　　　　　　_《어두운 시대의 사람들》, 106쪽.

독수리 룩셈부르크와 순수한 신앙인 요한 23세

《어두운 시대의 사람들》의 두 번째 글은 로자 룩셈부르크
Rosa Luxemburg에 관한 것으로, 그를 추모하는 성격이 강하다.
이 글에서 아렌트는 역사학자 J. P. 네틀J. P. Nettle의 룩셈부르
크 전기를 따라가며, 자신의 견해를 조금씩 덧붙인다. 우선
아렌트는 룩셈부르크를 '정통 마르크스주의자'가 아니라고
말한 네틀의 의견에 동의한다. 룩셈부르크는 폴란드계 유대
인 가정에서 태어나 독일 문화에 동화된 유대인 여성이었
다. 유대인으로서 그는 폴란드나 독일 같은 개별 국가를 자
기 조국으로 여기지 않았다. 대신 국경을 초월하는 '비현실
적 국제주의'라는 슬로건을 신봉했다. 그는 유럽인들이 사
용하는 여러 언어에 유창했기에 국제주의가 별로 낯설지 않
았다. 그래서 모국어 하나만 쓸 줄 아는 대부분의 사람이 그
슬로건에 동조하지 못하는 이유를 이해할 수 없었다.[11]

유달리 총명했던 룩셈부르크는 수시로 이념 논쟁을 일
으켰기에, 당대의 마르크스주의자들에게 약간 불편한 존재
였던 듯하다. 한번은 블라디미르 레닌이 룩셈부르크를 독수
리에 비유한 일이 있었다. 설사 룩셈부르크가 병아리처럼
낮게 날더라도, 사실 그는 '높게도 낮게도 날 수 있는 독수리'
라는 일종의 인물평이었다. 레닌이 러시아인도 아니고 남성

도 아닌 룩셈부르크를 사상적 동료로 인식했을 것 같지는 않다. 그는 룩셈부르크의 글을 모은 전집 출판을 명령했지만, 출판 담당자들을 그렇게까지 열정적으로 재촉하지는 않았다.

다음으로 아렌트는 안젤로 주세페 론칼리Angelo Giuseppe Roncalli, 즉 교황 요한 23세를 다룬다. 론칼리는 가톨릭 역사의 중요한 전환점을 마련한 인물로, 교황으로 선출된 이후 '바티칸 제2공의회'를 개시했다. 아렌트는 그의 신앙의 순수성이 그 자신의 행위와 발언 속에서 빛났다며, 관련된 일화 몇 가지를 들려준다. 그중 론칼리가 대주교이자 교황 사절이었을 때인 1941년의 이야기가 인상적이다. 제2차 세계대전을 일으키고 유대인을 학살한 자국을 공개적으로 지지해주십사 압박하러 교황청을 방문한 독일 대사 앞에서 그는 '지지할 수 없음'을 나직이, 그러나 명확히 표명했다.

> "당신 나라 사람들이 독일이나 폴란드에서 학살하고 있는 수백만 명의 유대인에 관해 내가 무엇을 말할 수 있겠습니까?"
>
> _《어두운 시대의 사람들》, 147쪽.

모든 사람
스스로가
진리라고
생각하는 바를
말하게 하라.

Men in Dark Times, 1968

소통하고
화해하며
정치하는

《어두운 시대의 사람들》 4장과 5장은 야스퍼스에 관한 글이다. 아렌트는 교양인이라면 일반적으로 지니고 있을 법한 편견이 없는 유연한 사람으로 야스퍼스를 소개한다. 특히 야스퍼스가 철학과 정치 모두를 공공 영역에 속한 것으로 파악했다는 점이 아렌트에게는 무척 의미가 있었다.

　실존주의 철학자로서 당대에도 꽤 유명했던 야스퍼스는 철학을 정치에서 강제로 분리하지 않았다. 야스퍼스는 철학자가 자신의 의견에 책임져야 한다는 점에서 정치가와 동등한 위치에 있다고 보았다. 그는 '철학 따로 현실 따로' 생각하지 않았다. '머리 좋고 공부 잘하니까 인간성은 좀 떨어

저도 괜찮아' 같은 태도는 야스퍼스에게 어불성설이었다.
오히려 철학, 즉 사유 좀 한다는 사람이라면 반드시 사유의
내용과 과정과 결과에 책임져야 한다고 보았다. 이마누엘
칸트는 나쁜 사람이란 악행을 저지른 악인이라기보다는 "몰
래 예외가 되려는 성향을 가진" 사람으로 정의했다.[12] 이에
빗대어 보자면 야스퍼스는 "몰래 예외가 되려는 성향을 가
진" 사람의 정반대편에 우뚝 서 있는 사람이었다.

    아렌트가 야스퍼스에게서 발견한 칸트 후계자다운 면
모 중 또 다른 하나는 그가 '확장된 사유 방식'을 평생 실천
했다는 점이다.[13] '확장된 사유 방식'이란 단어가 낯설게 느
껴질 수 있을 텐데, 이 단어는 《칸트의 정치철학》에서 '판단'
과 관련해 중요하게 환기되는 '확장된 심성enlarged mentality'이
다(《어두운 시대의 사람들》과 《칸트의 정치철학》의 옮긴이가 달라
칸트의 용어가 다르게 번역된 것이다).[14]

소통하는 철학자 야스퍼스

아렌트는 칸트의 확장된 심성을 야스퍼스의 생애와 경험에
연결해 설명한다. 유대인 여성과 결혼한 야스퍼스는 아내와
함께 새로운 세계를 창조했다. 그 세계 속에서 두 사람은 탁

월한 대화 능력, 정확한 청취 능력, 솔직한 표현 능력, 문제
에 집중하는 인내력 등을 서로 배웠고 계속해서 실천했다.
야스퍼스가 사유하기 위해 여러 위대한 철학자를 필요로 했
다는 점, 그들과 끝없이 대화했다는 점을 아렌트는 높이 평
가한다.

　　야스퍼스의 '기축 시대Axial Age(기원전 800년~기원전 200년)'
라는 개념을 다룬 한 사회학 논문은 대화를 즐기는 그의 모
습을 인상적으로 묘사한다.[15] 야스퍼스는 막스 베버의 '일요
모임'에 구성원으로 참여해 충실히 대화했을 뿐 아니라, 무
려 베버가 사망한 뒤에조차 그와 대화했다는 것이다.[16] 대
화를 통한 사유는 야스퍼스의 철학 방법론에서 매우 중요한
요인이었던 게 틀림없다.

　　다시 아렌트의 야스퍼스 '찬사Laudatio'로 돌아오자. 아렌
트는 사려 깊게 말하고, 또 들을 줄 알았던 철학자 야스퍼스
의 대화를 통해 사유하는 방법을 철학적인 것이 아니라 '정
치적인 것'으로 설명한다. 자기 생각이 언제나 타인의 생각
과 밀접하게 관련된다면, 정치적 주제를 직접 다루지 않더
라도 언제나 정치적인 것으로 나타난다는 뜻이다. 아렌트에
따르면 야스퍼스는 추상적으로 고양되고 이론적으로 일반
화된 '단수로서의 인간Man'을 논의하지 않은 철학자였다. 그
리고 '무한한 소통의 철학자'였다.

아렌트는 무한한 소통이 야스퍼스의 철학을 실천적으로 이끌어, 이른바 악명 높은 상아탑을 탈피할 수 있도록 인도해주었다고 분석한다. 실존주의 철학자로서 야스퍼스는 실용적이라기보다는 실천적이었다. 쓸모 있는 학문으로 철학 과목을 홍보하며 어떤 실용성을 드높인 사람이 아니라, 자신의 철학 사유를 현실에 실천하고자 노력한 사람이었다는 것이다.

화해하는 문학가 디네센과 정치하는 예술가 브로흐

야스퍼스 다음으로 아렌트가 다루는 인물은 이자크 디네센Isak Dinesen과 헤르만 브로흐Hermann Broch다. 이 두 사람은 아렌트가 보기에 서양문학사를 밝힌 작가들이었다.

'이자크 디네센'은 사실 필명이다. 본명은 카렌 크리스텐체 디네센Karen Christentze Dinesen이고, 결혼 후에는 블릭센Blixen 남작부인으로 불렸다. 그는 덴마크의 여성 작가로, 페미니스트 어머니의 딸로 태어나, 아프리카에서의 삶과 연인을 상실한 경험을 자전적 소설로 발표해 유명해졌다.[17] 이 작품 《아웃 오브 아프리카》는 메릴 스트리프와 로버트 레드퍼드 주연으로 영화화되기도 했다. 영화 제목 또한 〈아웃 오브 아프리카〉다.

디네센은《아웃 오브 아프리카》에서 자신을 '세헤라자데(이야기꾼)'에 비유했다. 디네센에 따르면 이야기는 견디기 어려운 끔찍한 사건을 견딜 만한 것으로 만들어주는 힘을 발휘한다. 이야기는 사건 자체의 의미를 드러내는데, 이야기꾼은 이야기하는 동안 그 의미를 발견한다. 최근 이야기하기가 문학 치료나 상담 치료의 방법으로 자주 거론된다. 때로 '자기 서사self-narrative'라는 용어로 지칭되기도 한다. 아렌트는 이야기하기의 효과로, 개념 정의에 방해받지 않은 채 의미를 드러내고, 존재 자체에 대한 동의와 화해를 가져온다는 점을 꼽는다.[18]

다음으로 브로흐는 시인으로 태어났으면서도 시인이 되길 원하지 않았던 사람으로 소개된다.[19] 브로흐는 한때 철학에 심취했으나, 관념과 사변에 국한된다는 이유로 철학에 등을 돌렸다. 또 토마스 만이 소설을 통해 경험할 수 있는 "가장 놀랍고도 심오한 체험"이라고 찬사를 보낸《베르길리우스의 죽음》을 썼지만,[20] 문학이 아무것도 수행하지 못하리라는 이유로 문학에도 등을 돌렸다.

한편 아렌트는《이해의 에세이 1930~1954》에서 브로흐를 밤이 되었을 때 잠에서 깨어난 사람으로 묘사한다.[21] 아렌트에 따르면 브로흐는 20세기의 가장 위대한 작가 중

한 명이지만, 사실상 모든 희망을 정치에 걸고 구원을 추구했던 인물이기도 하다.[22] 브로흐가 생각했던 대로 정치가 이루어졌다면 무슨 일이 벌어졌을까. 아렌트의 힌트. 브로흐가 보기에 정치는 곧 예술이었다.[23]

이야기하기는
동의와 화해를
가져온다.

Men in Dark Times, 1968

어둠 속에서
나 자신이
되어가는 여정

《어두운 시대의 사람들》 가운데 가장 긴 글은 '8장 발터 베냐민'이다. 이 글 첫 쪽에서 우리는 "작은 곱사등이"라는 단어를 만난다(척추장애인을 가리키는데, 지금은 차별적 표현이지만 시대상을 고려해야 할 것이다). 베냐민은 어릴 적부터 곱사등이에 관한 여러 이야기를 듣고 자랐다. 그가 실수할 때마다 어머니가 그 단어를 끄집어냈기 때문이다. 그의 어머니는 순전히 '재미로' 아들에게 곱사등이 이야기를 했던 것 같다. "네가 넘어질 때 네 다리를 걸은 사람이 곱사등이였지", "네가 물건을 깨뜨렸을 때 손에서 그것을 떨어뜨리게 한 것도 곱사등이였단다" 하는 식이었다.[24] 마침내 베냐민은 곱사등

이가 자기를 늘 주시하고 있다고, 경솔한 행동(말썽)은 곧 불
행을 일으킨다고 느끼게 되었다.

실제로 아렌트가 곱사등이와 함께 놓은 단어는 다름 아
닌 '불운'이다. 베냐민은 제2차 세계대전이 발발한 직후인
1939~1940년 겨울에 그때까지 잘 지내던 파리를 굳이 떠
나, 좀 더 안전한 곳이라 생각한 모_{Meaux}로 피신했다. 그런
데 하필 그곳은 병력 집결지로, 당시 프랑스에서 가장 위험
한 곳 중 하나였다.[25] 비슷한 시기에 베냐민은 괴테를 비평
한 자신의 논문을 출판해줄 사람을 열심히 찾다가 이내 지
쳐 포기하고 말았다. 그런데 갑자기 극작가 후고 폰 호프만
슈탈_{Hugo von Hofmannsthal}이 나타나, 베냐민을 적극적으로 지지
하며 그의 글을 자신의 잡지에 기꺼이 실어주었다. 이때 베
냐민은 호프만슈탈이 논문 속에 있는 비판적 지적들을 좋지
않게 받아들이지나 않을지, 실제 사실과는 다른 불필요한
걱정을 사서 했다. 그는 불운만큼이나 행운 또한 있는 그대
로 감지하지 못했던 것이다.

심지어 베냐민은 행운을 스스로 망쳐 불운으로 몰아가
기까지 했다. 모처럼 교수자격을 얻을 수 있는 좋은 기회가
온 찰나에 그는 프리드리히 군돌프_{Friedrich Gundolf}라는 당대에
유력한 학자를 '무모하게' 공격했다. 군돌프에게 잘 보이기
위해 그의 학문 동아리에 가입할 필요는 없었지만, 그렇다

고 그렇게까지 심하게 공격하는 건 조심했어야 했는데도 말이다.[26] 그뿐이 아니었다. 베냐민은 웬일인지 베르톨트 브레히트와 친하게 되면서부터 테오도어 아도르노와 게르스홈 숄렘 사이에서 적절하게 우정을 유지하지 못했다. 아도르노와 숄렘은 베냐민 사후 그를 세상에 알리는 데 무척 애쓴 친구들이었다.

거래를 거부한 베냐민

베냐민은 어떤 사람이었을까. 첫째, 그는 '책 모으는 사람'이었다. 베냐민은 매우 뜨거운 열정으로 야무지게 다양한 책을 모아들였다. 아니 사들였다. 그렇지만 아렌트는 누구든 베냐민의 서가에 방문한다면, 그가 자신이 모은 책은 읽지 않았음을 대번에 알아차릴 것이라고 설명한다. 베냐민이 뿜어낸 수집가의 열정은 '혁명가의 열정'과 비슷한 것이었다.[27] 그는 훗날 유익하고 유용하게 될 법한 책들, 즉 장차 효용 가치가 높아질 책들을 엄선해서 수집하지 않았다. 베냐민은 사물의 유용성이라는 목적에서 해방된 사람이었다. 그는 오직 더욱 좋은 세계에 이르는 길을 꿈꾸었기 때문에 책을 수집했다.

둘째, 베냐민은 '글 쓰는 사람'으로서 조금 어렵게 생활했다. 이는 그가 자유기고가여서 원고료로 어렵게 생계를 꾸려갔다는 뜻이기도 하지만, 좀 더 넓은 차원에서도 어려움을 겪었다는 뜻이기도 하다. 베냐민은 서른이 넘도록 아버지에게 생계비를 받았다. 그가 한때 대학교수가 되고 싶어 했던 이유 중에는 경제적 독립은 고사하고 생계비를 더 많이 받기 위함도 있었다. 다시 말해 "대학교수쯤 되었으니 생계비를 더 주셔야겠습니다"라고 당당히 말하기 위해서였다는 것이다. 아버지가 생계비를 그만 보내겠다고 통보하자 베냐민은 경제적 독립을 고려하기는커녕 짐을 싸서 아내와 아들을 데리고 본가로 들어갔다. 물론 곧바로 아내와 별거하게 되어 1인 가구가 되었지만 말이다. 아버지가 세상을 떠난 뒤에는 수당을 받기 위해 온갖 노력을 기울였다.

셋째, 베냐민은 말 그대로 '거래'에 능하지 않은, '거래'하는 사회적 삶 바깥에서 살았던 사람이다. 베냐민은 자기 능력을 돈 받고 판매하지 않았을 뿐 아니라, 타인의 업적 또한 돈 주고 구매하지 않는 사람이었던 듯싶다. 아주 단순하게, 또는 약간 과격하게 말하자면, 인간 및 인간의 속성과 능력을 돈(자본)으로 환산하는 일을 하지 않았다고나 할까… 이러한 베냐민을 아렌트는 "가장 특이한 마르크스주의자"라 칭하는데,[28] 가만히 생각해보니, 그게 무슨 의미인지 감이

오는 것도 같다. 아무튼 마르크스주의자이자 유대인(게다가 '유대교도')인 베냐민은 나치의 블랙리스트에 들어 있었다고 한다. 그래서 대서양 건너 미국으로 가는 과정이 다른 어떤 유대인들보다 험난했다.

　베냐민은 아렌트가 그랬듯이, 또 유럽의 여러 지식인과 마찬가지로 미국으로 이주하고자 애썼다. 다행스럽게도 베냐민의 천재성을 알아본 뉴욕의 한 연구소가 노력해주어서 긴급 비자를 받을 수 있었다. 또 베냐민은 스페인 통과 여권도 확보했다. 그러나 정작 필요한 프랑스 출국 비자가 없었다. 다만 이는 해결 불가능할 정도의 치명적인 문젯거리가 아니었다. 나치 독일에 충성하는 비시 정권 시절이었어도 마음만 먹으면 프랑스 경찰의 감시가 덜한 산길로 얼마든지 국경을 통과할 수 있었다. 그러나 심장병을 앓던 베냐민은 산길이 부담스러웠다. 우여곡절 끝에 국경 근처의 한 마을에 도착했지만, 프랑스 출국 비자 없이는 국경을 넘을 수 없다는 사실에 한없이 절망한 나머지 1940년 9월 26일 프랑스와 스페인을 가르는 접경지대에서 스스로 목숨을 끊었다. 어이없게도 베냐민과 함께 그곳에 도착했던 사람들은 이튿날 모두 국경을 넘을 수 있었다. 국경 경비병들이 황급히 허락해주었기 때문이다(베냐민의 자살에 놀라서였을 수 있다). 그리고 불과 몇 주가 지나자 프랑스 출국 비자 금지령마저 해

제되었다.[29]

자기 시대와 불화하다

《어두운 시대의 사람들》에서 아렌트는 베냐민과 "진주조
개 채취 잠수부"의 이미지를 부드럽게 연결한다. 먼저 아렌
트는 베냐민의 대단한 수집가적 열정을 소개한다. 앞서 살
펴보았듯이 베냐민은 장차 유용하게 써먹을 계획으로 무언
가를 수집하는 사람이 아니었다. 아렌트에 따르면 베냐민은
자기 자신을 문학비평가로 간주했는데, 마치 유산 상속인처
럼 과거의 문학작품들을 눈에 보이는 대로 다 모아서 '평등
하게' 성찰했다. 딱히 전통적으로, 또는 체계적으로 분류하
지 않은 채 그리고 긍정적인 것과 부정적인 것을 미리 예단
하지 않은 채 베냐민은 닥치는 대로 수집했다.

> 바닥을 파헤치고 그것을 드러내는 것이 아니라 귀중하
> 고 신기한 것, 즉 심연의 진주와 산호를 들어 올려서 그
> 것을 수면으로 운반하고자 바다의 밑바닥으로 내려가
> 는 진주조개 채취 잠수부처럼.
>
> _《어두운 시대의 사람들》, 345쪽.

베냐민은 너무나 빠르게, 너무나 급하게 세상을 떠났다. 베냐민은 죽은 뒤에야 그의 천재성에 걸맞은 명성을 얻게 되었다. 이는 역시 사후에 명성을 얻은 프란츠 카프카 같은 이들의 경우처럼, 베냐민을 일찍부터 알아본 동료들이 공들여 빚어낸 성과라고 할 수 있다. 베냐민 사후에 동료들은 그의 원고를 발굴해 출판하고 평가하며 환기하는 일을 감당했다. 아렌트도 그중 한 사람으로, 그는 베냐민의 글들을 편집해《빛나게 하는 것들*Illuminations*》을 펴냈다(이 책의 서문이《어두운 시대의 사람들》의 '8장 발터 베냐민'이다). 아렌트가 보기에 베냐민은 자기 시대의 영향을 가장 덜 받은 사람, 자기 시대와 가장 멀리 떨어져 살아간 사람, 결국 자기 시대와 어울리지 못해 고통받은 사람 중 하나였다.

어두운 시대의 사람들

베냐민 다음으로《어두운 시대의 사람들》에 등장하는 인물은 한때 베냐민의 친구였고, 또 한때 이오시프 스탈린을 송축, 찬미했으며, 결정적으로 이 책의 제목에 영감을 준 극작가 겸 시인 브레히트다. 이 글에서 아렌트는 브레히트의 인생사(또는 '흑역사')를 차분히 돌아보며 묻는다. "(시대를 불문

하고) 시인이 된다는 것이 얼마나 어려운 일인가?"[30]

《어두운 시대의 사람들》의 열 번째 글은 상트페테르부르크 출신의 유대인으로, 교수이자 언론인이자 가톨릭교도였던 발데마르 구리안Waldemar Gurian을 주인공으로 한다. 당시엔 유대교도가 아닌 유대인이 많았는데, 아렌트나 구리안 같은 이들이 그러했다. 아렌트는 구리안에게서 소년 같은 '순수함(순진함)'과 '용감함'을 발견한다. 순수하고 용감한 구리안은 러시아인들과 함께 있을 때 가장 편안했다.[31] 결국 구리안은 자신의 순수함과 용감함을 발휘해 러시아 정신과 볼셰비즘의 탁월한 전문가가 되었다. 우리 식으로 말하자면 구리안은 순수하고 용기 있게 그리고 우직하게, 누가 뭐라 해도 '러시아'라는 한 우물만 판 사람이었다.

구리안의 뒤를 잇는 인물은 아렌트에게 영어의 세계를 알려준 랜달 자렐Randall Jarrell이다. 아렌트는 자렐에게서 "놀라운 명민함marvelous wit"을 발견한다.[32] 한국어 번역본은 "신비롭기조차 한 기지"로 옮겼다.[33] 그런데 자렐의 '위트'는 그의 웃음에서 비롯된 것이었다. 아렌트가 보기에 자렐의 웃음은 그냥 웃음이 아니라 특별한 웃음이었다. 모든 대상을 비웃거나 조롱할 수 있는 웃음이었다. 이 모든 대상에는, 심지어 '무력감에 익숙해진 자렐 자신'까지도 포함되었다.

압도되지도 압도하지도 않는 인간

《어두운 시대의 사람들》의 책장을 덮으며, 이 책을 관통하는 아렌트의 인간관은 무얼까 생각해보았다. 아렌트는 인간이란 자아와 환경이 상호 작용하는 가운데 자신의 인생, 성품, 사상을 형성해가고 유지해가고 변형해가는 존재라고 본 듯싶다. 즉 인간은 타고난 본성대로만 살지도 않고, 주변 환경에 이리저리 휩쓸리며 평생 환경의 피해자로만 살지도 않는다. 실제 현실에서는 본성이 환경을 주관하지도 않고, 반대로 환경이 본성을 압도하지도 않는다.

우리는 대개 본성과 환경 중 어느 한쪽에 과하게 비중을 두어 사태를 최대한 간단히 이해하려 한다. '우월한 유전자' 같은 표현을 쓰며 외모가 훌륭한 연예인의 자녀를 부러워하기도 하고, 천재는 1퍼센트의 재능과 99퍼센트의 노력으로 만들어진다는 '통념'을 믿어보기도 한다. 재벌 2세라는 꿈을 원천적으로 막아버린 소시민 아버지를 원망하기도 하고, 목표를 이루기 위해 가혹한 훈련을 정당화하기도 한다. 하지만 그 어느 쪽도 인간의 실제 현실은 아닐 것이다. 인간의 본성과 환경은 매 순간 상호 작용한다. 따라서 우리는 본성이 주도하는 길만도 아니고 환경이 주관하는 길만도 아닌, 제3의 길을 개척한다. '어두운 시대의 사람들'도 그리 살았다.

한편 1989년의 독일어 번역본과 2019년에 이를 다시 우리말로 옮긴 한국어 번역본은 어두운 시대의 사람들에 네 명을 더 추가했다. 모두 흥미롭게 살펴볼 만한 인물들이다. 그중에는 아렌트의 남편이 사망하고 한 달도 지나지 않아 둘 다 늙었으니 여생을 같이 살아보자고 제안한 '남사친(남자 사람 친구)'인 위스턴 휴 오든Wystan Hugh Auden도 포함되어 있다.[34] 아렌트는 그를 동정했지만, 동성애자인 오든의 청혼을 받아들이진 않았는데, 공교롭게도 그는 아렌트보다 몇 년 먼저 사망했다.

네 명이 새로 추가되었다는 사실을 근거로 상상해보았다. 만일 아렌트가 여태 살아 있어 어두운 시대의 사람들에 추가할 한국인을 추천해달라고 한다면 나는 누구의 이름을 댈까. 나름 꽤 심각하게 궁리하다 보니, 불확실하게 깜박이며 약할지라도 엄연히 빛나던 그 한 사람이 문득 떠오른다.

본성이 주도하는
길만도 아니고
환경이 주관하는
길만도 아닌
제3의 길.

Men in Dark Times, 1968

정체성을 찾아서

《유대인 문제와 정치적 사유》는 아렌트의 글 모음집이다. 글 한 편 한 편은 대체로 짧다. 어렵지도 않다. 그러나 전체 분량은 한국어 번역본 기준으로 장장 990쪽이 넘는다. 옮긴이 후기에 따르면 번역하고 윤문하기까지 무려 2년이나 걸렸단다. '이걸 언제 다 읽나?' 하고 생각할지 모르겠다. 하지만 어차피 단숨에 읽겠다고 결심하지만 않는다면 문제없다. 책장에 꽂아두다가 생각나면 꺼내서 한두 편 읽고, 다시 꽂아두면 된다. 다만 책이 살짝 무거우니까 책장에서 뺄 때나 꽂아둘 때 팔목 다치지 않게 조심하면서….

　《유대인 문제와 정치적 사유》는 유고집이기도 하다. 아렌트가 살아생전 쓴 글들을 수집한 다음, 그의 조카가 쓴 글들을 추가해 2007년 출판했다. 아렌트의 조교 제롬 콘Jerome Kohn과 편집자 론 H. 펠드먼Ron H. Feldman은 1930년대부터 1960년대까지 대략 10년 단위로 아렌트의 글을 분류해 묶었다. 그런데 1930년대는 1933년부터 시작된다. 아렌트의 경험에서 1933년이 중요하기 때문이다(그 이유는 바로 아래에서 설명할 것이다). 펠드먼의 서문에 따르면 이 책은 하나의 핵심어에 집중한다. 바로 '유대인의 경험'이다.

유대인의 경험, 아렌트의 경험

어느 인터뷰에서 아렌트는 하나의 특별한 사건 때문에 자신이 정치적인 사람으로 변신하게 되었노라고 밝힌다. 그것은 1933년 2월 27일의 '독일 의사당 방화 사건'이었다. 이보다 대략 한 달 앞서 히틀러가 총리로 임명되었다. 아렌트는 이 방화 사건 이후로 합법의 테두리 안에서 민주주의를 파괴하는 치안 활동, 다시 말해 '불법체포'와 '보호감호'가 빈번히 그리고 공공연히 일어났다고 설명한다. 그러면서 "이런 판국에 단순히 방관자로서 세상을 살아갈 수 있다는 생각을 더 이상은 하지 않게" 되었다고 고백한다.[35]

아렌트는 유대인 부모를 둔 독일인이었고, 유대교도가
아니었다. 아렌트의 친부모도 유대교도가 아니었다. 그들은
러시아 쪽에서 이주해온 독일인이었다. 독일 땅에서 태어난
아렌트는 러시아보다는 독일 문화의 영향을 크게 받으며 자
랐다. 그런데 아렌트는 여전히 유대인으로 취급받았다. 문화
는 혈통을 개의치 않지만, 동질적인 문화를 누리는 사람들은
바로 그 혈통을 문제 삼곤 한다. 콩고에서 한국으로 탈출한
난민 부모를 둔 어느 흑인 소년의 이야기가 좋은 예다. 한국
에서 나고 자란 그는 2023년 현재 초등학생 씨름 선수로 활
약하며 국가 대표를 꿈꾸고 있다.[36] 아마 적지 않은 한국인이
흑인, 난민 2세, 씨름 선수의 조합에 무언가 어색함을 느끼
지 않을까 싶다.

아렌트는 독일 문화에 동화된 유대인이었다. 그리고 아
렌트는 평생 유대인다운 삶을 따로 연구하지 않았다. 단지
그것을 인간다운 삶의 한 줄기로서 탐구했다. 아렌트는 나
치 치하의 전체주의를 비판할 때 유대인을 대상으로 한 반
유대적 체제로서가 아니라, 인간성 전반을 거부한 반인간적
체제로서 비판했다. 아렌트는 유대인과 나치즘을 '피해-가
해'의 상호 관계로 연결하지 않았다. 아렌트는 나치즘의 반
유대주의가 거죽으로는 '유대인이라는 신체(들)에 가해하는
체제'였을지 몰라도, 본질에서는 '인간의 인간됨을 가해하는

체제'였다고 강조했다. 아렌트에 따르면 나치 전체주의는
유대인을 집어삼킨 체제가 아니었다. 유대인을 집어삼켜도
누구 하나 반론하지 못하도록 당시 유럽인의 정신과 신체를
통째로, '전체로' 집어삼킨 체제였다.

다른 듯 같은 주류와 비주류

그런데 1930년대 유대인 세계는 (아렌트와는 조금 다른 차원에
서) 반유대주의를 다루는 데 별 관심이 없었다. 유대인 세계
는 '1933년의 재앙'으로 불린 히틀러 집권 이후 유대교로의
복귀, 즉 자기 자신을 잘 들여다보는 일로 기울었다. 실제로
유대인 단체들은 대체로 '동화'에서 '게토ghetto'로 초점을 옮
겼다. 유럽에서 다른 유럽인들과 함께 살지만, 삶의 지향점
을 '함께'에서 '따로'로 전환했다는 뜻이다. 이는 사실상 원하
든 원하지 않든 참여하게 되는 더 광범위한 역사적 맥락을
흐리면서까지 자기 자신의 죄의식에 시선을 고정하는 현상
이었다. 다시 말해 1930년대의 유대인 세계는 유대인 스스
로 고립된 채 자기 자신을 문젯거리로 성찰하고 있었던 것
이다. 물론 이러한 자기 성찰이 나쁜 것일 리 없다. 문제없는
인간은 없으니 말이다. 다만 아렌트는 유대인 세계가 회개

의 속성을 띠는 자기 성찰에 더해 전체 유럽 사회의 분위기, 곧 반유대주의의 흐름과 기운을 살펴보았어야 했다고 꼬집는다.

아렌트의 견해는 1930년대 후반에 쓴 〈유대인 문제〉라는 짤막한 에세이에 잘 나타나 있다. 여기서 아렌트는 1933년의 재앙이 집합체로서의 유대 민족이 아니라 고립된 개인으로서의 유대인에게만 충격을 주는 방식으로 일어났다고 회고한다. 관련해 아렌트는 고립된 개인들의 대응보다는 집합적이고 정치적인 대응이 필요했다고, 짧지만 강하게 주장한다.

다음으로 〈반유대주의〉라는 글에서 아렌트는 동화주의자와 시온주의자가 겉으로는 정반대되는 삶의 지향점을 강조하지만, 실제로는 같은 맥락에 서 있다는 점을 설명한다. 예를 들어 독일의 동화주의자 유대인은 자기가 독일 민족과 같아졌다고 상상하고, 반면에 독일의 시온주의자 유대인은 자기가 전적으로 이방인이어서 멸시받는다고 느낀다. 두 유대인은 정반대 의견을 가진 듯 보인다. 그런데 자세히 들여다보면 둘 다 "이국인성(외래성)에 대한 비난을 유지한다"라는 점에서 똑같다.[37] 동화주의자 유대인은 이국인성에 대한 비난을 개인적인 차원에서 피하고자 노력한다. 시온주의자 유대인은 이국인성에 대한 비난을 의식했기에 시온주의를 선택한 것이다. 또 동화주의자 유대인은 동화된 자신을 입증하며 살아야 하므로 독일에 충성을 다한다. 반면에 시온주의자 유대인은 자신의 안전을 도모하고자 독일에 대한 애국심을 유지하려 애쓴다. 시오니즘을 너무 강하게 주장하면 당장 쫓겨나는 것을 감수해야 하기 때문이다.

이처럼 겉모습만 관찰하기보다는 속내를 통찰하는 일이 중요하다. 사실상 한 사회와 문화에 대한 '동화/게토' 문제는 20세기 초 유럽에 살았던 유대인들뿐 아니라 인류 모두가 겪는 문제로 볼 수 있다. '동화/게토' 구도를 약간은 덜 치명적인 어감의 '주류/비주류' 구도로 치환해보자. 나는 내가 속한 사회가 추구하는 가치와 목표에 동조하는 주류를 소망하는가(동화). 아니면 사회에서 혼자 동떨어지더라도 더 높고 이상적인 가치와 목표를 별도로 설정하는 비주류를 추구하는가(게토). 동화든 게토든, 현 사회의 가치와 목표에서 내가 떨어져 있음을 인식하는 일이 출발점이라는 데서 동일하지 않은가.

누구 하나
반론하지 못하도록
정신과 신체를
통째로, 전체로
집어삼킨 체제.

The Jewish Writings, 2007

3장

•

공동체라는 문제

더 나은 공동체를
만드는 도구들

혁명은
혁명이 아니라는
반전

아렌트는 《혁명론》에서 우리에게 '시작'의 문제를 직면케
하는 유일한 정치적 사건이 바로 혁명이라고 강조한다. 시
작이라니, 무슨 시작을 말하는 것일까. 아렌트에 따르면 시
작은 완전히 새로운 것의 나타남이다. 한국어 번역본은 시
작을 '참신성'으로 옮겼다.[1]

  그러나 반전! '혁명'을 뜻하는 영어 'revolution'은 애초
에 참신성과는 거리가 멀어도 아주 멀다. 그 어원부터 살펴
보면 니콜라우스 코페르니쿠스가 별들의 회전운동을 설명
하기 위해 사용한 천문학 용어 'revolutionibus'로, 새롭거나
격렬한 것이 아니라 규칙적이고 합법칙적인 것을 가리킨다.

정확히는 '이미 확립된 어떤 지점으로 복귀하는 운동'이라
는 의미인데, 따라서 반복적이고 순환적인 운동, 정해진 질
서로 다시 복귀하는 운동을 뜻한다. 그래서인지 역사적으로
혁명이라는 단어는 코페르니쿠스 사후 100여 년이 흘러 영
국에서 청교도 시민혁명으로 불리는 '크롬웰 독재'가 출범했
을 즈음이 아니라, 이후 군주정이 복귀했을 때부터 활발히
쓰인다. 과거에는 복귀를 혁명으로 이해했다는 증거다.

　　약간 배신감 같은 것이 느껴질 텐데, 심지어 시민혁명의
나라 프랑스에서도 혁명의 의미는 참신성이 아니었다. 13세
기부터 16세기까지 프랑스어 'révolution'의 뜻은 '신이 정해
놓은 시간의 완성'이었다. 아렌트는 혁명 초기에 한해 혁명
의 원래 의미에 들어맞는 현상이 일어났다고 설명한다. 혁
명이 시작되고 얼마 동안은 "침해된 구질서를 복원해야 한
다고 확신했던 사람들이 일정한 역할을 했다"라는 것이다.
혁명가들은 있어야 할 것이 있어야 할 자리에 있었던 과거
로 복귀하기를 원했다.[2]

　　아렌트는 'revolution'이 한·중·일의 언어로 옮겨질 때 한
자어 '革命'이 사용되었고, 여기에 '주기적 교체'의 뜻이 포함
된다는 사실까지는 몰랐던 것 같다. 아렌트가 총명하고 서
양사상에 통달한 사람이었지만, 동양사상까지 다 섭렵하진
못했을 테니 말이다. 역시 인간은 아무리 출중하더라도 완

벽할 수는 없는 법이다.

혁명을 싫어한 혁명가들

중국 역사에서 革命은 '하늘에서 명을 받아 왕조를 교체하는 것'을 의미해왔다. 바로 이 革命이 19세기 말부터 revolution을 번역하는 데 자주 호출되었다. 革命에서 '革'은 '서른'을 의미하는 '삽卅' 자 아래 '열', 또는 '완전'을 의미하는 '십+' 자가 놓인 뜻글자다. 이를 풀면 30년을 주기로 질서가 뒤바뀐다는 뜻이다.[3] 서양의 revolution이 애초에 '천체 궤도의 합법칙성'을 의미했던 것처럼, 동양의 革命도 그와 비슷하게 '천명天命의 주기적 변화'를 의미했던 셈이다.

그러므로 이렇게 결론 내려도 괜찮을 것 같다. 서양에서나 동양에서나 혁명이란 원래 새로운 사회를 진취적으로 구현하고, 역사의 진보를 선취하려 의도한 사건을 가리키는 개념이 아니었다. 그보다는 합법칙성, 또는 주기적 변화를 추구하는 세력들이 일으킨 사건을 가리켰다.

이러한 내용을 머릿속에 담아놓으면 《혁명론》을 진짜 재미있게 읽을 수 있다. 혁명가들이 뜻밖에도 혁명적이지 않았다는 사실과 맞닥뜨려도, '그러면 그렇지' 하며 하해와 같은 너그러움을 발휘하게 된다.

《혁명론》은 또 다른 의미 있는 지점을 짚는다. 혁명가들이 혁명 중기쯤 되어서는 혁명이 필연적으로 일으키는 '자유로운 정치 참여' 현상을 미워했다는 사실이다. 막시밀리앙 드 로베스피에르도 그러했고, 레닌도 그러했다. 미국혁명의 주역 중 한 사람인 페인은 혁명의 원뜻에 비추어 '과거로의 복귀'에 성공하지 못한 프랑스혁명과 미국혁명을 '반反혁명'으로 명명해야 한다고까지 주장했다.[4]

서양의 혁명가들만 혁명을 미워하거나 거부했을까. 아니다. 동양의 혁명가들도 마찬가지였다. 일례로 revolution을 革命으로 번역하고, 그 단어가 한자 문화권 국가들에서 대중화하는 데 혁혁한 공을 세운 중국의 혁명가 량치차오梁啓超도 혁명이 어느 정도 진전되자 대놓고 혁명이 싫다고 말했다.[5] 량치차오는 중국 근대화 과정에서 입헌파를 대표하는 진보적 인물이었다. 동서양을 막론하고 혁명가들은 혁명을 싫어했다. 혁명 엘리트들의 흥미로운, 아니 신비로운 공통점이다.

혁명가들은
있어야 할 것이
있어야 할 자리에
있었던 과거로
복귀하기를 원했다.

On Revolution, 1963

인간적인 것
너머의 것을
만드는 자유

혁명을 혁명 엘리트들이 어떻게 보았는지와는 별개로 지난 역사에서 혁명은 가히 '혁명적'으로 진행되었다. 이때의 '혁명적'이란 표현은 오늘날 우리에게 익숙한 참신성의 의미를 드러낸다.

바스티유가 함락되며 프랑스혁명이 개시된 1789년 7월 14일, 이런 역사적인 대화가 전개되었다고 한다. 소식을 전해 들은 왕이 "이것은 반란revolt이 아닌가?"라고 물었다. 그러자 마침 옆에 있던 귀족이자 작가 프랑수아 드 라로슈푸코 François de La Rochefoucauld가 "아닙니다, 폐하. 이것은 혁명revolution입니다"라고 대꾸하며 왕의 말을 교정해주었다. 물론 이것은 단순한 교정·교열이 아니었다. 어떤 현상에 대한 서로의 다른 이해를 조정하는 작업이었다.

아렌트는 그날 두 사람의 대화가 혁명이란 단어의 초점이 '합법칙성'에서 '불가항력성'으로 옮겨간 양상을 잘 드러냈다고 지적한다.[6] 아닌 게 아니라 프랑스혁명의 참가자 중 누구도 전체 사건이 번져나가는 과정을 통제할 수 없었다. 그래서일까. 이후 몇십 년간 혁명을 인간이 조절할 수 없는 불가항력적 과정으로 느낀다는 여러 심리적·정치적 표현들이 출현했다.

혁명을 시작하다, 시작을 혁명하다

아렌트에 따르면 혁명은 인간적인 것 같기도 하고 인간적인 것 너머의 것 같기도 하다. 인간적인 것과 인간적인 것 너머의 것은 일치되어 있지는 않지만, 그렇다고 분리되어 있지도 않다. 연결되어 있는 것도 아니다. '너머'라는 단어가 지닌 묘미다.

실제로 프랑스혁명은 이미 진행되는 와중에 인간적인 것, 인간이 계획해 만들어내고자 하는 사회의 모습 '너머'를 지향하기 시작했다. 인간이 조절할 수 없는 지점으로 나아가버린 것이었다. 바로 이 지점에서 아렌트는 혁명이 정치적 영역에서의 시작과 탄생을 의미하며, 그것이 자유를 지시한다고 강조한다.

아렌트의 정치이론에서 자유는 중요한 개념이다. 앞서 《과거와 미래 사이》를 읽으며 1번 자유와 2번 자유를 나누어 비교했던 것이 기억나는가. 아렌트가 강조하는 자유는 1번 자유다. 내 마음대로 행동하고 내 멋대로 산다는 식의 자유가 아니다. 자유주의자liberalist의 이미지와도 거리를 둔다. 무엇에서 벗어난다는 의미의 2번 자유가 아니다.

아렌트가 정치적 의미로 엄밀히 구별해 강조하는 자유는 1번 자유로, '태어남'의 의미를 지향한다. 세상 모든 사람이 스스로 시작할 수 있다는 의미를 표방하는 자유다. 이 자유는 평등을 전제로 한다. 가만히 생각해보면 평등도 혁명처럼 인간적인 것 같기도 하고 인간적인 것 너머의 것 같기도 하다는 특징을 지닌다. 이 오묘한 의미의 평등을 우리는 바로 앞 장에서 《전체주의의 기원》을 읽을 때 만났다. 거기에 더해 또다시 오묘한 혁명의 의미까지 만나니 어떠한가. 정치적인 것에 대한 지식이 차곡차곡 쌓여가는 듯해 흐뭇하지 아니한가.

혁명은
정치적 영역에서의
시작과 탄생이다.

On Revolution, 1963

폭력의 맥락: 안중근은 테러리스트인가

《공화국의 위기》의 대표적인 글은 '폭력론'이라 할 만하다.[7] 이 글은 두 가지 주제를 담고 있다. 둘 다 부정문으로 구성할 수 있다. 첫째, 마르크스는 폭력을 예찬하지 않았다, 둘째 폭력은 짐승 같은 것이 아니다.

"권력은 총구에서 나온다"라는 말이 있다. 자본주의 경제 비판에 집중한 마르크스를 따라 마르크스주의자를 자처했지만, 실제로는 농업경제에 신경 쓴 스탈린을 추종했던 스탈린주의자 마오쩌둥의 입에서 나온 말이다. 다만 마오쩌둥의 경력 때문에 저 말의 시초가 마르크스에게 있겠거니 생각하기 쉽지만, 아니다. 아렌트에 따르면 권력과 총구의 연결은 무려 반反마르크스주의적이기까지 하다. 관련해 아렌트는 '폭력이 아니라 옛 사회에 내재한 모순이 종말을 불러일으킨다'라는, 마르크스주의의 기초적 진실이 어째서 빈번히 망각되는지 약간 안타까워한다. 마르크스주의자든 반마르크스주의자든, 안타까운 건 안타까운 거니까.

　　아렌트에 따르면 마르크스와 장 폴 사르트르를 평행 비교할 경우 전자는 상대적으로 폭력에 일정 정도 거리를 둔 사람이었다. 공산혁명을 주도한 정통 마르크스주의자들도 폭력을 배제하고자 애썼다. 그 때문에 오히려 같은 편에 속한 이들이 이러쿵저러쿵 뒷말을 중얼거리기도 했다. 실제로 마르크스의 이론체계에서 프롤레타리아독재와 관련된 내용은 사실 비중이 작다. 역사적으로 볼 때 정치적 적대자를 향한 폭력적 공격은 대체로 아나키스트(무정부주의자) 그룹과 우파 그룹에서 기획되었으며, 조직적 무장봉기는 군대가 주도했다. 아렌트는 말한다. 이론 차원에서 정밀하게 마르크스주의를 뜯어본 사람이라면 그것이 폭력과 적정한 거리를 두고 있음을 발견할 것이라고…. 물론 레닌과 스탈린은 정적 숙청을 단행했다. 아렌트에 따르면 그들의 폭력은 마르크스주의의 이론적 지평 위에서 추구된 것이 아니었다.

　　마르크스가 폭력 예찬자가 아니라면, 사르트르는 그렇다는 말인가. 실존주의자가 뭐가 아쉬워서 폭력을 예찬한단

말인가. 그러나 아렌트는 사르트르를 폭력 예찬자로 제시한
다. 심지어 사르트르는 다른 폭력 예찬자들보다 좀 더 나아
갔다고 지적한다. 사르트르는 "폭력은 아킬레스의 창처럼
그것이 입힌 상처를 치유할 수 있다"라고 간주했다.[8] 그 바
람에 사르트르는 카뮈와 말싸움을 벌였고, 급기야 둘은 절
교했다.

폭력은 어떻게 정당화되는가

아렌트는 사르트르를 비롯해 폭력을 예찬하는 여러 철학자
를 비난하지 않는다. 단지 폭력의 정당화가 어떻게 일어나
는지 그 계기를 이해하고자 할 뿐이다. 폭력의 정당화는 '괜
찮은 폭력, 필요한 폭력, 진보적 폭력'이라는 아이디어와 무
관하지 않다. 폭력 정당화 논리의 실례를 들어보겠다. 일제
강점기 초반 안중근 의사가 이토 히로부미에게 총을 쏘았
다. 총성이 울릴 때 이토는 하얼빈역을 걸어가고 있었다. 그
장면만 보면 안중근 의사는 폭력적이고, 이토는 평화적이
다. 한 가지 예를 더 들어보겠다. 1979년 10월 26일 김재규
중앙정보부장이 박정희 대통령을 총으로 쏴 사살했다. 그
폭력 사건으로 폭력 정권이 막을 내렸다. 폭력이 폭력을 저

지했던 셈이다. 그 이듬해의 봄을 우리는 '서울의 봄'이라 부른다. 그래서 어떤 이들은 김재규의 폭력을 '정당'하다고 평가한다.

　　정리하면 이렇다. 폭력은 그것이 무엇을 목표로 했고, 무엇을 초래했는지에 따라 무려 가치 있다고 평가받으며 정당화될 수 있다. 폭력이 정당화되는 게 당연하다는 뜻이 아니다. 폭력의 맥락을 합리적으로 잘 살피고, 폭력의 여파를 이성적으로 잘 관찰해, 폭력의 전개 과정을 논리적으로 잘 설명하는 사람이 나타난다는 것이다. 서양에서는 20세기 중반쯤부터 사르트르를 포함해 유럽의 많은 지식인이 바로 그러한 일, 다시 말해 폭력의 정당화 작업에 적극적으로 뛰어들었다. 그들은 스탈린 체제가 행사하는 폭력을 이른바 진보적 폭력으로 정당화해주면서, 스탈린의 무자비한 숙청 소식에 대해서는 못 들은 척, 못 본 척 귀를 닫고 눈을 돌렸다.[9] 자신들의 논리적 폭력 이론에 대한 확증 편향 때문이었다고 볼 수 있을 것이다.

권력이 약해지면 폭력은 강해진다

흔히 권력power이 강할 때 폭력violence도 강해진다고 예측한

다. 그러나 아니다. 권력과 폭력의 관계는 그렇게 간단하지
않다. 먼저 권력의 의미부터 살펴보자. 아렌트에 따르면 권
력은 '다수의 사람이 모여 있을 때 사람들 사이에 자유롭게
발생하는 역동적 현상'이다. 다음으로 폭력은 '사람들의 자
유로운 역동성으로서의 권력을 파괴하고 훼손하는 현상'이
다. 폭력은 사람들 사이에서 자유롭게 발생하는 다채로운
언어와 각양각색의 행위가 성가신 나머지 '한 가지였으면
좋겠다'라고 소망할 때 발생한다. '딴소리, 군소리 없이 고요
하게 사태가 진전되면 좋겠다'라는 생각 위에서 폭력은 확
장된다.

    폭력은 고요함, 적막함을 목표로 한다. 사람들이 자유
롭게 '놀리는' 입을 틀어막는 것이 폭력이다. 사람들이 자유
롭게 모이거나 흩어지는 움직임을 방해하는 것이 폭력이
다. 사람들의 말소리가 들리지 않고 사람들의 움직임이 적
어서 고요하고 적막하며 평온한 곳, 그곳이 바로 폭력의 세
상이다. 반면에 권력은 사람들의 말소리와 움직임을 근절하
려 하지 않는다. 권력자는 권력의 한 요소로서 '지지'를 최소
한일지언정 반드시 확보하고 있어야 한다. 아주 소수 측근
의 지지일지라도 그것이 있어야 권력이 유지되기 때문이다.
지지가 없으면 권력도 없다. 지지가 줄어들면 그제야 권력
자는 폭력을 강화한다. 그러니 '권력=폭력'이 아니다. 아렌

트에 따르면 오히려 그 반대다. 권력이 강할 때가 아니라 약할 때 폭력이 강하다. 예를 들어보겠다. 박정희 정권 시기에는 폭력이 성행했다. 말기로 갈수록 더 극성을 부렸다. 박정희 정권의 권력이 점점 강해진 탓이었을까. 아니다. 그 반대였다.

대한민국 헌법 제1조 제2항은 "모든 권력은 국민으로부터 나온다"이다. 권력과 폭력의 의미를 생각하며 이 조항을 다시금 새겨보자. 이는 폭력의 반대말인 권력의 의미를 환기하는 웅장한 의견이자 비장한 선언이다.

말소리가
들리지 않고
움직임이 적어서
고요하고 적막하며
평온한 곳,
폭력의 세상.

Crises of the Republic, 1972

지극히
인간적인
폭력

폭력은 논리적 정당화를 추구하고 합리성을 촉진하므로 짐
승 같은 것이 아니다. 오히려 합리적이고 이성적이며 무엇
보다 인간적이다. 사실 이러한 폭력 이해가 비단 아렌트에
게서만 발견되는 것은 아니다. 사회심리학자 에리히 프롬
은 아렌트의 '폭력론'보다 다섯 배쯤 두꺼운 《파괴란 무엇인
가》에서 동일한 메시지를 상당히 자세하게, 인류학과 사회
심리학을 넘나드는 폭넓은 연구 결과를 근거로 주장한다.
《파괴란 무엇인가》의 프롬은 《전체주의의 기원》의 아렌트
처럼 히틀러와 스탈린을 예로 들며 폭력과 파괴를 설명해나
간다. 하여간 히틀러와 스탈린은 이런 주제에서 절대 빠지

지 않는 인물들이다. 둘째가라면 둘 다 불만스러워할지 모른다. 당대에도 서로를 보며 내심 놀라거나 감탄했을 것이다. '쟤는 나랑 비슷해' 하면서.

인간의 행위를 관찰한 정치사상가와 인간의 내면을 관찰한 정신분석가의 공통된 결론이 '폭력은 짐승 같은 것이 아니다'라는 것을 기억하자. 폭력은 인간의 이성이 다루는 정치적 주제 중 하나일 뿐 아니라 심리적 주제이기도 하다. 즉 정치적으로도, 심리적으로도 지극히 인간적인 현상이다. 그러므로 폭력 앞에 몸을 부르르 떨며 "이 짐승 같은!"이라고 울부짖기보다는, 그 인간적 현상을 주제로 인간적 논의를 시작하면 좋을 것이다.

폭력의 최종 목표

폭력은 논의의 주제가 될 수 있고, 사유thinking의 주제가 될 수 있다. 폭력은 논리적인 것이기 때문이다. 어떤 폭력이든 논리를 갖추고 있다.

기억할 것이 하나 더 있다. 아주 넓게 보아 만일 동물들의 먹고 먹히는 행위를 폭력으로 본다면, 그 폭력은 자연 생태계의 먹이사슬체계를 건강히 유지하려 할 뿐 파괴하려 하지 않는다는 사실이다. 반면에 인간의 폭력은 히틀러와 스탈린의 예에서 확인할 수 있듯이 파괴를 최종 목표로 삼는 경향이 있다. 실제로 히틀러와 스탈린뿐 아니라 보통 사람들도 비슷한 의미에서 폭력적으로 행동할 때가 많지 않은가. 우리는 히틀러와 스탈린을 욕하면서, 사실상 너나 할 것 없이 인간 사회뿐 아니라 '인간 실존의 조건'인 자연환경까지 바야흐로 야금야금 파괴하고 있는 중 아닌가.

비폭력, 강성, 강제, 권위

폭력과 비교, 또는 대조할 수 있는 것에는 권력 말고도 네 가지가 더 있다. 비폭력non-violence, 강성strength, 강제force 그리고 권위authority다(국내 아렌트 연구자 중 한 명인 김선욱은 'force'를 '힘'으로 번역한다). 아렌트가 이 용어들을 굳이 구별한 이유는 철학자이자 역사가인 알렉상드르 파스랭 당트레베Alessandro Passerin d'Entrèves의 말처럼 "다만 논리적 문법을 위해서가 아니라 역사적 관점을 위해서"다.[10] 즉 실제로 일어났던 일들을 이해하기 위해서라는 것이다.

　먼저 아렌트는 비폭력이 폭력의 반대가 아니라고 지적한다. 물론 비폭력은 폭력을 쓰지 않는다. 하지만 비폭력은 마틴 루서 킹 목사가 노벨평화상을 받으며 서슴지 않고 말했듯이 일종의 무기다.[11] 비폭력 또한 무력의 일종이며, 그것이 대상으로 하는 것을 무찌를 계획을 갖고 있다. 비폭력은 폭력이 아니지만, 폭력의 반대도 아닌 것이다.

다음으로 권위와 강제는 인간관계 안에서 타율적으로 복종을 일으킨다는 점에서 모두 폭력과 유사해 보인다. 다만 강제가 압박으로 복종을 일으키는 반면에 권위는 압박 없이 복종을 일으킨다는 정도가 다르다. 일례로 교회와 대학은 권위로 복종을 유도한다. 사람들은 교회와 대학의 권위에 순순히 복종하다가도 때로 저항하는데, 그 방법으로 자주 쓰이는 것이 웃음이다. 웃음거리가 되는 순간 권위는 흔들린다. 한편 복종을 강요하거나, 그 결과 굳센 저항을 일으키는 강제는 권위보다 더 폭력적인 듯싶다. 압박이라는 요인 때문이리라.

강성도 폭력과 대비될 수 있다. 아렌트는 강성이 개인에게 귀속된다는 점에서 자산property 같은 것이라고 설명한다. 영화에만 등장하는 인물들이긴 하지만, 예컨대 슈퍼맨, 배트맨, 원더우먼 등은 어떤 폭력적인 상황을 중단하고자 자신들의 강성을 사용한다. 정의롭지 않은 상황이 발생하면 그들이 갑자기 나타나 강성을 발휘하거나 과시해, 문제를 해결한다. 때로 그들의 강성은 폭력적 양식을 차용하는데,

그 상대로 '매력적인 악역'이 존재한다는 공통점이 있다.

폭력, 권력, 비폭력, 강성, 강제, 권위에 대한 아렌트의 구분이 절대적인 것 같지는 않다. 아렌트가 주장한 내용이 만고불변의 절대적 진리일 수는 없다. 아렌트 연구자라도 모든 면에서 아렌트를 신봉해서는 안 된다. 아렌트는 학자이지 교주가 아니다. 그러나《폭력론》에서 단행한 아렌트의 섬세한 개념 구분은 인간 사회의 폭력적 현실을 진지하게 사유할 수 있도록 이끌어준다는 점에서 의미가 크다.

폭력은
합리적이고
이성적이며
무엇보다
인간적이다.

Crises of the Republic, 1972

시민불복종의 조건: 개인의 도덕성은 중요한가

《공화국의 위기》의 또 다른 중요한 주제는 '시민불복종civil disobedience'이다. 언론에서 양심적 병역거부와 관련된 기자회견 등을 소개하며 언급해온 용어다. 우리 사회에서는 양심선언의 일종으로 받아들여진 것이다.

그러나 아렌트는 시민불복종을 개인의 양심 차원에서 간주하지 않기를 권한다. 두 가지 이유가 있다. 첫째, 군 입대를 거부하는 갑돌이의 양심과 군 복무를 감당하는 을돌이의 양심이 대립하는 경우가 발생할 수 있다. '양심적 병역거부'는 은밀하게 '비양심적 병역 복무'를 전제하는데, 사실상 거만하거나 독단적인 가정이 아닐 수 없다. 둘째, '시민불복종은 악에 대한 개인의 양심적 반응이다'라는 개념 정의 자체를 합의하기가 매우 어렵다. 이는 본질적으로 유한한 존재인 인간 개개인의 양심에 선과 악을 절대적으로 분간할 능력이 체계를 갖춰 존재하지 않는다는 사실과 관계가 깊다. 너에겐 선이지만 나에겐 악일 수 있고, 나에겐 선이지만 너에겐 악일 수 있는 일들이 세상에 얼마나 많은가.

  그러나 '시민'과 '불복종'을 엮어 '시민불복종'이라는 단어를 처음 선보일 정도로 관련한 주제의 대표적인 실천가이자 이론가인 헨리 데이비드 소로는 그것을 개개인의 양심적·윤리적 의무로 강조했다. 그래서 우리가 시민불족종을 양심과 연결하는 데 별다른 의심을 하지 않게 되었다고 아렌트는 추론한다. 다음은 소로의 글이다.

> 어떠한 악이라도, 심지어 가장 흉악한 악이라도 그것을 근절하는 데 헌신하는 것이 인간의 당연한 의무는 아니다. (…) 그러나 적어도 자신의 손에서 악을 씻어내는 것은 그의 의무이며, 비록 그가 악을 행할 생각을 하지 않는다 하더라도 실질적으로 자신이 악행에 도움이 되지 않도록 하는 것은 인간의 의무이다.
>
> _《공화국의 위기》, 99쪽.

하나하나 따져볼 필요가 있다. 과연 소로의 말대로 악을 씻어내는 것을 인생의 의무로 받아들이는 사람이 있다고 하자. 그러려면 먼저 선과 악을 구별해야 한다. 하지만 현실에서 선과 악은 자명하게 구별되지 않는다. 비근한 예로 동성애는 어떤 사람에게는 선과 악의 문제지만, 또 다른 사람에게는 성적 취향sexuality의 문제일 수 있고, 그 외의 또 다른 사람에게는 생존의 문제일 수 있다.

이런 사정들을 감안하고서 한번 따져보자. 그리고 헤아려보자. 자명하지 않은 선과 악을 선명하게 구별할 수 있고, 여기에 더해 자기 성찰까지 공정하게 수행할 수 있는 사람이 누구일지, 그런 이들이 과연 몇 명이나 될지….

개인의 양심에서 공공의 연대로

누군가가 '실수로 기표를 잘못했으니, 투표용지를 찢고 새 것을 받아야겠어'라고 생각하고, 과감히 요구했다고 하자. 또 다른 누군가는 '건강보험료를 납부하지 못한 사람들은 건강검진을 못 받는다니, 누구나 공평하게 대우받는 날이 올 때까지 나도 건강검진을 거부하겠어'라고 결심하고, 실제로 거부했다고 하자. 이런 경우들은 시민불복종일까. 아

마 "흥미로운 관찰 대상이 될 만한 괴짜"의 돌출 행동쯤이
될 것이다.[12] 개인이 일으키는 단순한 일탈 행위는 물론이거
니와 개인이 양심을 걸고 박애를 실천한 특이 행위도 시민
불복종이 아니다.

　애초에 고귀한 개인적 양심에서 출발했다고 스스로 확
신한다고 할지라도, 그 행위를 변호하려는 집단의 동의와
지지와 연대가 뒷받침되어야 시민불복종이다. 즉 정치적 동
의가 개입해야 한다. 기자회견을 하든 시국 기도회를 하든
삼보일배를 하든 오체투지를 하든 공공장소에 나서야 하고,
공적 영역에서 지지자들이 함께해야 한다. 아무리 양심적인
행동이라도 타인들이 모르는 '개인적·사적private' 실천에서
벗어나 '공공public'으로 나와 연대와 지지를 받아야 비로소
시민불복종이 성립된다.

　양심의 요인을 짐짓 삭제하고, 다만 공공적 집단행동을
자극하는 일종의 정치 행위로 시민불복종을 바라본 아렌트
의 노력이 약간은 거북하게 느껴질 수 있다. 위험을 무릅쓰
고, 처벌을 달게 받으며, 때로는 죽음까지 불사한 시민불복
종자들의 고결함을 깎아내리는 것처럼 보이기 때문이다. 그
런데 아렌트는 시민불복종의 두 대표자인 랠프 월도 에머
슨Ralph Waldo Emerson과 소로를 기념하기 위해 제정된 '에머슨-
소로 메달'을 1969년에 받은 바 있다. 아렌트가 시민불복종

을 개인적 양심의 문제가 아니라고 지적하며, 심지어 그 위험성까지 거론한 것은 두 위인을 폄하하거나 시민불복종을 깎아내리기 위해서가 아니라는 말이다. 다만 (세상에 완벽한 공화국은 없다는 전제하에) 어느 공화국에나 있게 마련인 법과 제도의 허점에 대해 공개적으로 문제 제기하는 정치 활동의 차원에서 시민불복종을 다룰 뿐이다.

　시민불복종을 개인의 양심과 결부하면 시민불복종자들의 됨됨이를 불가피하게 논할 수밖에 없다. 그러나 방금 살펴본 것처럼 그러한 논의는 원체 까다롭다. 세상에 완벽한 인간은 없는데, 논의를 전개하는 사람들이 특정한 인물을 추앙하는 쪽과 폄하하는 쪽으로 나뉘어서, 그의 동일한 행위에 대해 추앙론과 폄하론을 구축하고는, 축구 경기에 임하는 듯한 마음가짐으로 상대편의 논리를 공격하게 될 가능성이 크다. 공격받는 쪽은 필사적으로 방어할 것이고, 반격의 기회를 호시탐탐 노릴 것이다. 시민불복종에 관한 한 아렌트는 이런 상황이 벌어지지 않기를 바란 듯하다.

위기의 원인이라기보단 결과

그러려면 시민불복종자들의 행위를 도덕적 선으로 보는 데

서 거리를 둘 필요가 있다. 그들의 행위가 악하다는 이야기
가 아니다. 도덕적으로 선인지 악인지 누구도 구별해낼 수
없다는 겸허함과 중립적 관점을 유지하자는 것이다. 그럴
때 시민불복종은 공공선을 추구하려는 목적을 지니고 집합
행위를 촉진하는 정치적 행위로 판명된다.

공화국이 제대로 기능하지 못하고 위기에 놓이게 되면,
시민들은 두 가지 반응을 보일 수 있다. 자기도 제대로 기능
하지 못하거나, 제대로 기능하려고 발버둥질하거나….

아렌트에 따르면 시민불복종은 제대로 기능하지 못하
는 공화국의 시민들이 자기 정체성을 포기하지 않고, 정치
적 의미에서 제대로 기능하려고 발버둥질하는 반응 중 하나
다. 제대로 기능하는 공화국이라면 '자발적 결사'의 꼴로 얼
마든지 자유롭게 나타날 시민의 행위!

사회적 합의로 공공선을 추구하는 시민, 자발적 결사의
기초단위인 시민은 어느 공화국에서나 또 어느 시대에나 필
수 불가결한 존재들이다. 그들이 사는 방식은 '국가는 국민
의 것(공화국)'이라는 사실을 온몸으로 입증하는 일에 항상
이어져 있다. 그러다 보니 평상시엔 자발적 결사를 자연스
럽게 채택하고, 유사시엔 시민불복종에 갑작스럽게 돌입한
다. 그들의 존재 방법은 동일하고, 달라진 것은 그들 삶의 환
경, 즉 공화국의 상황인 것이다.

제대로 기능하는
공화국이라면
자발적 결사의 꼴로
얼마든지 자유롭게
나타날 시민의 행위,
시민불복종.

Crises of the Republic, 1972

공익과 공공성,
편파적이거나
공정하거나

공익과 공공성은 둘 다 똑같이 '공公'으로 시작하지만, 그 뜻
은 같지 않다. 영어로 공익은 'public interest', 또는 'public
good'이고, 공공성은 'publicity'다. 그렇지만 공익과 공공성
은 굳이 따져 묻지 않으면 대략 비슷해 보이므로 그냥 흘려
듣기 쉽다. 그러나 장수하늘소와 장수풍뎅이가 같은 '장수'
로 시작하는데도 심지어 과科, family마저 다른 동물이듯이 공
익과 공공성도 꽤 다르다. 예상했겠지만 아렌트는 이 두 단
어를 매우 주의해서 구별한다. 그리고 그 구별의 강조 지점
곳곳에 칸트의 정치철학을 배경으로 깔아놓는다.

나치에 부역한 공익 추구자들

공익은 사사로운 이익이 아니라 공동체의 이익을 추구하는
것이다. 자기나 자기 가족의 이익을 위주로 살아가는 사람
을 보면 대개 부정적 인상을 받는다. 동시에 사익 추구는 어
차피 인지상정이라는 식으로 너그러운 마음이 들기도 한다.
물론 그럴 때조차 공익 추구자가 사익 추구자보다 훌륭할
수 있고, 실제로도 훌륭하다고 여긴다. 그런데 공익에는 또
다른 흥미로운 지점이 있다.

　　나치 집권기 독일에는 알베르트 슈페어Albert Speer라는 건
축가가 살았다. 슈페어는 히틀러의 친구였고, 제2차 세계대
전 중에는 히틀러의 강력한 추천으로 군수장관이 되었다.
그는 건축이라는 공통된 관심사 덕분에 다른 측근들의 질투
를 살 만큼 히틀러와 친하게 지냈다. 동시에 그는 히틀러 개
인이 아닌 독일이라는 국가 공동체의 이익, 즉 공익을 위해
일하는 모습도 보였다. 실제로 슈페어는 독일을 승리로 이
끌 효율적인 무기 생산 산업구조를 고민했다. 얼마나 열심
히 고민했는지 하마터면 과로사할 뻔했다. 이런 점을 보았
을 때 그가 히틀러 개인과 나치에 잘 보이기 위해 일했던 것
만은 아닌 듯하다. 그래서일까. 전쟁 직후 열린 뉘른베르크
국제군사재판에서 슈페어가 자기 자신을 '착한 나치good Nazi'

로 묘사하며 변호했을 때 효과가 있었다. 그는 히틀러의 최측근이었고, 침략 전쟁을 뒷받침하는 무기 공장을 진두지휘했는데도, 그것이 공익을 위한 임무 수행이었음이 인정되어 남들은 교수형을 선고받을 때 상대적으로 가벼운 20년 징역형을 선고받았다.

유보트 함대를 이끈 것으로 유명한 되니츠 제독도 공익 추구자로 자신을 드러냈다. 그는 제2차 세계대전 당시 휘하의 유보트 함대를 동원해 대서양을 지나는 수많은 선박을, 여객선과 전투함을 가리지 않고 침몰시켰다. 그렇지만 슈페어보다도 낮은 형량인 10년 징역형을 선고받았다. 연합군 측 장성들이 앞다투어 되니츠를 변호해주는 기현상이 일어나기도 했다. 군인이라면 누구나 국가를 위해, 즉 공익을 위해 전투를 수행하므로 그것이 정상 참작되어야 한다는 이구동성이었다. 독일 국방군 참모총장 하인츠 구데리안Heinz Guderian은 심지어 '무혐의' 판결을 받았다. 구데리안은 전차를 활용한 일명 '전격전'의 창시자로, 제2차 세계대전의 개전을 알린 폴란드 침략에 앞장서고, 독소전쟁 초기에 소련 영토 깊숙이 진격한 기갑부대 중부집단군의 야전사령관이었다.

이처럼 공익은 공동체의 이익을 가리킨다. 되니츠와 구데리안은 전범인 동시에 공익을 추구한 군인들이었다. 그들이 추구한 공익은 나치 독일의 공익이었으며, 그 내용인즉 히틀러가 선포한 영토 확장이었다. 자, 이제 공익의 의미를 한마디로 요약해보자. 공익은 편파적인 것이다.

자유롭게 생각하되 공개적으로 검토하라

공공성을 이해하기 위해 아렌트는 칸트로까지 거슬러 올라 간다. 아렌트는 《칸트의 정치철학》을 통해 칸트에게서 공공 성 개념을 불러낸다. 칸트가 말한 공공성의 특징은 '냉담하 다indifferent', '무관심하다disinterested'이다. 공공성은 공정성과 관 계가 깊은데, 그것이 비부분성impartiality을 지향하는 까닭이 다. 공공성은 부분의 옳고 그름에 애착을 갖지 않고, 집착하 지 않는다. 공공성은 전체를 넓게 본다. 전체를 조망하면서 사익에는 냉담하고 공익에는 무관심한 지점을 표방하는 것 이 공공성, 공정성이다. 공공성은 '생각하는thinking 방식'과 밀 접한 관계가 있다. 나 혼자 사유할 것인가, 아니면 공개적으 로 모든 사람과 대화하며 함께 사유할 것인가. 이 중 후자가 공공성이다. 《칸트의 정치철학》에 따르면 칸트는 공공성을 논할 때 개인적 사유의 자유롭고 공개적인 검토를 주장했 다. 칸트를 따라 아렌트는 강조한다. 칸트가 말한 정치적 자 유는 공공성에 연결되며, "자신의 이성을 모든 면에서 공적

으로 만드는 것"을 뜻한다고 말이다.[13]

공공성은 공익에 대조되거나 심지어 대립한다. 공공성은 특정한 공익을 괘념치 않는다. 공공성은 공익이든 사익이든 이익의 문제를 다루지 않기 때문이다. 이익의 문제에 무관심하고, 냉담하다. 공공성은 정치적 삶을 사는 행위자의 자유와 책임에 관한 것들에 각별히 관심을 보인다. 자유와 책임을 같이 보호하는 게 공공성이다. 자기 생각을 자유롭게 그리고 공개적으로 검토받는 것이 공공성의 기초다. 밀실 정치, 파벌 정치, 야합 정치 등은 공공성을 저해한다.

이처럼 엄밀하게 개념을 정의하면, 공공성을 실천하는 사람을 우리 주변에서 목격하기가 왜 그리 쉽지 않은지 납득되고도 남는다. 아닌 게 아니라 공개적인 검토를 받겠다며 자기 생각을 기꺼이 공적 영역에 내어놓는 사람이 우리 사회에는 무척 드물다. 우리는 보통 다음과 같이 행동하느라 바쁘다. 자기 생각을 강요하거나, 반복하거나, 반발하거나, 변명하거나, 은폐하거나, 도주하거나, 삐지거나….

칸트와 아렌트가 강조한 공공성은 공인으로 나선 개인에게도 적용되어야 하지만, 특별히 언론에 더 엄격히 적용되어야 한다. 공공성을 의식하는 언론이라면 응당 단 한 줄짜리 기사라도 공식적으로 공개하기 전에 매우 여러 번 자기 성찰과 심사숙고 절차를 거쳐야 한다. 실수, 오류, 억측,

인용 출처의 진실성 등이 그 단계에서 반드시 검토되어야 한다. 그러면서 문제를 발견했는데도 기사를 발표했다면 나중에라도 공개적으로 사과해야 한다. 은폐하거나 변명하거나 침묵해서는 안 된다.

　　칸트와 아렌트가 옹호했던 언론·출판의 자유는 '자유롭고 공개적인 검토'가 기본으로 장착된 언론을 위한 '위대한 찬가'다. 다른 말로 '자유에 대한 찬가'랄 수도 있겠다. 이는 그럴듯한 현판 붙이고 공익(또는 '사익')을 추구하며 목소리 높여 '언론의 자유'와 '표현의 자유'를 외치는 몇몇 언론사를 위한 변호가 결코 아니다.

공익은
공동체의 이익을
가리킨다
공익은
편파적인 것이다.

Lectures on Kant's Political Philosophy, 1982

세계의 경험을
나누는
세계시민들

《칸트의 정치철학》은 원래 출판할 의도로 쓰이지 않았다. 1970년 가을 아렌트가 뉴스쿨에서 강의하기 위해 작성한 노트와 메모를 로널드 베이너Ronald Beiner라는 제자가 정리해 출판한 것이다.

《칸트의 정치철학》을 꿰뚫는 핵심어를 하나만 꼽으라면 '판단'이다. 아렌트는 판단을 정치적 행위자가 아닌 관찰자와 연결한다. 동시에 칸트가 개념을 정의한 '세계시민 cosmopolitan'과 연결한다. 아렌트는 세계시민을 '세계관찰자 Weltbetrachter, world viewer'의 의미로 받아들인다. 칸트의 세계시민, 아렌트의 세계관찰자는 "어떤 단일한 특정 사건 속에서 진

보가 이루어지는지 아닌지를 결정하는 자"다.[14] 그자는 과연
누구인가. 행위를 중시하는 정치사상가 아렌트는 행위자를
꼽을 것이라고 짐작하겠지만, 아니다. 행위자의 행위를 지
켜보는 관찰자가 세계시민이다.

 칸트가 생각했던 세계시민은 '독서 대중'이었다. 그가 살
았던 18세기 말 절대군주 치하의 국가에서는 독서와 글쓰기
외에 진정한 공적 영역을 찾아보기 어려웠다. 그러한 공적
영역에 들어서 있는 독서 대중이 칸트가 생각했던 판단의
주체였다. 바로 그들이 행위자의 어떤 행위에 공공성을 부
여하는 사람들이었다.

잠시 멈춰 서서 판단하기

그렇다면 단번에 이런 질문이 떠오른다. 공적 영역에서 글
을 읽고 쓰는 사람들이 판단의 주체라면, 공적 영역에서 실
질적으로 정치적 행위를 전개하는 행위자는 판단의 주체가
아니라는 말인가.

 이 질문에 답하려면 아렌트를 따라 칸트가 제시한 '불편
부당성impartiality' 개념을 먼저 검토해야 한다. 불편부당성은
타인들의 관점을 고려함으로써 획득되는 속성이다. 칸트가

제자 마르쿠스 헤르츠Marcus Herz에게 쓴 편지의 한 구절을 살
펴보자.

> (내가 합리적 반론들을) 숙고하는 가운데 내 판단과 연결
> 하면서 나의 가장 소중한 신념들을 뒤집을 기회를 가지
> 려 한다는 것을 당신은 알고 있겠지요. 이렇게 나는 내
> 판단을 타인의 관점에서 불편부당하게 바라봄으로써
> 과거의 통찰을 개선할 수 있는 제3의 견해가 획득될 수
> 있을 것이라는 희망을 즐기고 있는 것입니다.
>
> _《칸트의 정치철학》, 111쪽.

불편부당성은 '정신의 확장enlargement of the mind'의 또 다른
표현으로서, 칸트의 《판단력 비판》에서 결정적 역할을 하
는 개념이다. 불편부당성은 내 판단을 타인의 판단과 비교
할 때 비로소 가능해진다. 그런데 타인의 판단은 사실 내 머
릿속에서 구성된 타인의 판단이므로, 내가 구성하는 '가상
의 판단'이라 할 수 있다. 단 가상의 판단이지만 허무맹랑한
것은 아니다. 공동체의 다른 구성원들이 견지하는 여러 관
점을 염두에 둔, 실로 엄격한 판단이다. 이러한 판단 활동을
지금 한창 행위 중인 행위자가 하기에는 어렵다. 오히려 그
행위의 과정과 전말을 지켜보는 관찰자가 하기에 적합하다.

물론 행위자도 판단 활동을 할 수는 있다. 그러려면 행위를 어느 정도 마치고 난 다음에 그리고 자기 행위에 대해 성찰적 거리를 확보한 상태에서, 그것도 불편부당성이란 관점을 견지할 때 비로소 가능하다.

판단하기 위해 상상하기

칸트에 따르면 가상의 판단을 구성하는 활동에서 중요한 것이 바로 '상상력'이다. 상상력은 "부재하는 것을 현재하게" 한다. 바꿔 말해 상상력은 대상을 내가 직접 대면하지 않아도 되는 어떤 것으로 변형시키는 활동일 수 있다.[15] 그러나 내 멋대로 하는 공상은 상상 활동이 아니다. 비현실적 망상도 상상 활동이 아니다. 칸트에 따르면 상상 활동은 비판적 사고의 하나인데, 그것은 서로 다른 다양한 관점이 검토를 위해 개방되어 있는 곳에서만 일어난다. 따라서 사람마다 상상력을 훈련하는 것이 중요하다. 이는 곧 타자의 머릿속을 방문하는 훈련이기 때문이다.

칸트의 상상력은 '공통 감각common sense'에 잇대어 있다. 공통 감각은 우리가 흔히 아는 '일반 상식'을 가리키지 않는다. 공통 감각을 '취미'의 문제로 이해한 칸트는 "취미에서

이기주의는 극복된다"라고 주장한다.[16] 취미판단이 항상 타인과 타인의 취미를 성찰하는 와중에 일어나기 때문이다. 내가 인간이고 다른 인간들과 함께 공동체 안에서 살아가기 때문에, 내게는 나뿐 아니라 다른 인간들도 중요한 고려 대상이 된다. 그런 의미에서 인간은 누구나 공동체의 구성원으로서 판단한다.

일반적으로 나는 홀로 중뿔나게, 아주 독특하게 판단하지 않으려 한다. 남의 눈치를 본다기보다는 판단의 근거를 따져본다는 말이다. 어떤 사안을 판단할 때 '근거 있다', '일리 있다', '합리적이다' 싶어 고개를 끄덕이고 있다면, 바로 그때 자신의 머릿속에 어떤 그림이 그려지고 있는지 살펴보라.

상상한 것으로 소통하기

"네가 경험해봤어?"라고 따지며 무경험자를 무시하는 유경험자가 더러 있다. 결혼한 사람이 결혼하지 않은 사람에게 그리 말하기도 하고, 아기를 낳은 사람이 아기를 낳지 않은 사람에게 그리 말하기도 하며, 숙련된 상사가 신입 직원에게 그리 말하기도 한다. 경험이 부족하거나 미흡하다면 관

련 분야의 유경험자 앞에서는 해당 경험과 거기에 연결된
모든 주제에 대해 입도 뻥긋해서는 안 된다는 식이다. 속칭
'꼰대' 노릇을 하는 것이다. 그런데 전쟁을 경험하지 않았다
면 전쟁에 대해 말해서는 안 되는 것일까. 노인이 아니면 늙
음에 대해 말해서는 안 되는 것일까. 죽어본 경험이 없는 사
람은 죽음에 대해 말해서는 안 되는 것일까. 그럴 리 없다.

　　내 경험을 오직 나만의 것으로 여기는 생각 자체가 나쁜
것은 아니다. 다만 절대화해서는 안 된다. 세상에는 수도 없
이 많은 '나만의 경험'이 존재한다. 그 '나만의 경험'들이 소
통되지 않는다면 어떤 일이 벌어질까. 그냥 뿔뿔이 흩어져
저마다 '나만의 경험'만 회상하며 살게 될 것이다. 우리는 대
화를 통해 '나만의 경험'을 나눔으로써 더 나은 삶을 누릴 수
있다. 가령 당신이 어느 산길을 걷다가 호랑이를 마주쳐 구
사일생했다면 어찌할 것인가. 그 사실을 본인만 알고 있을
것인가. 아니면 다른 사람들에게 해당 산길은 위험하다고
경고해줄 것인가. 두 선택지 중 대부분의 사람은 후자를, 즉
'나만의 경험'을 '우리의 경험'으로 만드는 쪽을 택해 모두의
안전을 도모하려 할 것이다.

　　그리고 사실 각자가 지닌 '나만의 경험'이 서로 다르기
때문에 우리는 역설적으로 소통을 강렬히 원한다. 잘 통할
듯해서 소통을 원하는 것이 아니다. 잘 통하지 않을 듯해서

소통을 원한다. 경험이 똑같고 그 경험에 대한 의미 부여도 똑같다면 굳이 시간과 노력을 들여 소통할 이유가 없다. 서로 다르니까 소통하려는 것이며, 달라서 소통이 되는 것이다. 서로 다른 경험을 했기 때문에 인간은 바로 그 다름을 소통한다. 설사 같은 경험을 했어도 달리 해석하는 사람과 소통하고자 한다. 경험이 같든 다르든, 다른 것을 느끼고, 다른 의미를 떠올린다는 이유로 인간은 소통하고 싶어 한다. 이것이 칸트가 말한 '감각의 소통 가능성'이다.

세계시민의 입장을
채택한다는 것,
곧 확장된 정신으로
생각한다는 것.

Lectures on Kant's Political Philosophy, 1982

Eichmann in Jerusalem, 1963

Rahel Varnhagen, 1957

Essays in Understanding, 1930-1954, 1994

4장

•

이해라는 문제

결론 없는 과정으로서의
역지사지

사법적 정의의 문제: 법정이 앙갚음에 치중할 때

"악의 평범성"은 아렌트를 '저격'하는 데 빈번히 활용된 용어다. 아울러 굉장히 강렬한 인상을 주는 용어다. 《예루살렘의 아이히만》의 본문 끝에 이르러 딱 한 번 등장하지만, 책 전체의 메시지를 단번에 평정한다.

> 그는 이것이 자신의 장례식이라는 것을 잊고 있었다. 이
> 는 (…) 이 오랜 과정이 우리에게 가르쳐준 교훈을 요약
> 하고 있는 듯했다. 두려운 교훈, 즉 말과 사고를 허용하
> 지 않는 악의 평범성을.
>
> _《예루살렘의 아이히만》, 349쪽.

"악의 평범성"을 처음 만난 독자들은 곧이어 '무사유
thoughtlessness'라는 악의 한 속성을 안내받는다. 타인의 처지
에서 생각하지 못하는 것이 곧 악이며, 그러한 무사유가 보
통 사람들에게 잠재한다는 메시지를 습득한다. 좋은 독해
요, 건강한 이해다. 그러나《예루살렘의 아이히만》은 그것
만 겨냥하고 있지 않다. 요컨대 "악의 평범성"이라는 용어를
제창할 목적으로만 쓰인 책이 아니라는 것이다.

악 대신 정의를 묻다

'악이 평범하다'라는 아이디어는 제2차 세계대전 직후 아
렌트와 그의 스승 야스퍼스가 편지를 주고받으며 '나치의
전쟁범죄'에 대해 토론하는 과정에서 이미 한 번 등장했다
(1946년 10월 19일 자 편지). 사실 이는 야스퍼스의 의견이었
다. 해당 편지에서 야스퍼스는 악이 별것 아니며 박테리아
와 비슷하다고 설명했다. 설사 팬데믹을 일으키더라도 박테
리아는 박테리아일 뿐이니, 대단한 것으로 인정해주지 말
고 평범한(진부한) 것으로 대해야 한다는 것이었다. 하지만
악을 특별한 것, 또는 대단한 것, 나아가 매력적인 것으로까
지 여기는 경우가 있다. 예를 들어 테드 번디Ted bundy나 리처

드 라미레즈Richard Ramirez 같은 연쇄살인범들은 잘생긴 외모 때문인지 몰라도, 거의 연예인 수준의 인기를 누렸다. 이러한 악의 치명적 매력, 또는 비범함을 거론하는 이들이 간혹 나타나지만, 그것에 직접 반론을 제기하고자 아렌트가《예루살렘의 아이히만》을 쓴 것은 아니었다. 아니, 애초에 해당 원고는 "악의 평범성"을 이야기하기 위해 쓰이지 않았다. 아렌트가 의도한 진짜 집필 목적은 이를테면 '문제 제기'였다. 예루살렘은 법정은 정의의 요구를 충족시키는 데 어느 정도 성공했는가.[1]

아렌트는 1961년 떠들썩한 재판이 열린 이스라엘의 예루살렘 법정에서 시작해, 1906년 태어나 1934년 친위대에 들어간 이후 나치 정권하에서 출중하게 일한 아이히만의 생애와 당시 독일 국민의 상황을 상세히 훑고, 다시 법정으로 돌아오는 내내 정의justice란 무엇인지 물었다. 정의 전반이라기보다는 '사법적 정의'가《예루살렘의 아이히만》의 '찐(진짜)' 주제다. 즉 이 책은 예루살렘 법정이 놓쳤던 사법적 정의와 판단의 문제를 검토하고, 독자 스스로 검토해볼 수 있도록 인도하는 일종의 '가이드'라 할 만하다. 이 가이드는 예루살렘 법정뿐 아니라 모든 민주공화국의 법정이 정치적 필요나 대중적 정서에 휘둘리지 않고 제대로 사법적 정의를 추구하는지 검토하고자 할 때 얼마든지 참고할 만하다.

예루살렘 법정이 이를테면 복수(앙갚음) 대신 정의로운 판단을 택해 피고 아이히만에게 정당한 형벌을 내리고자 했다면 '인류 전체에 대한 범죄'임을 명시적으로 언급했어야 했다고, 그렇게 정의를 이룩했어야 했다고, 진실한 눈으로 재판 과정을 들여다본 아렌트는 아쉬워했다. 그런 의미에서 '그때는 맞고 지금은 틀리다' 식도 아니고 '내가 하면 로맨스고 남이 하면 불륜이다' 식도 아닌, 올바른 사법적 정의와 판단이 대한민국 법정에서 과연 이룩되고 있는지 우리 또한 진실한 눈으로 살펴보아야 할 것이다.

무사유에 빠진 법정과 포기된 사법적 정의

'베스 하미쉬파스Beth Hamishpath(정의의 집)'라는 명칭에 걸맞지 않게 예루살렘 법정은 앙갚음에 치중했다. 즉 아이히만이 무엇을 잘못했는지가 아니라 유대인이 어떤 일을 겪었는지를 중심에 두었다. 아렌트는 재판 초기에 검사가 "유대인의 비극 전체가 주요 관심사가 될 것이다"라고 선포했다는 점을 눈여겨보았다. 재판을 처음부터 끝까지 직접 보고 들은 아렌트는 '정의의 집'이 정의를 위한 장소가 아니었으며, 비극을 보여주는 '쇼'를 위한 최적의 장소였다고 판단했다.[2]

그렇다고 해서 아렌트가 아이히만에게 동정적이었다고
생각하면 안 된다. 아렌트는 아이히만에게 혐의가 없다고 생
각하거나 말한 적이 단 한 번도 없었다. 아렌트는 아이히만
의 범죄행위를 '유대인에게 저지른 죄' 정도가 아니라, '유대
인의 몸을 빌려 인류에게 저지른 과오'라는 치명적인 죄악
(인간성 파괴)으로 엄중히 규정했다. 《예루살렘의 아이히만》
의 뒷부분에는 아렌트가 직접 다시 쓴 사형 선고문이 실려
있는데,[3] 아이히만의 범죄는 인류 전체를 대표하는 국제형사
재판소에서 다뤄져야 한다는 주장이 그곳에서도 확인된다.
아렌트의 스승 야스퍼스도 동일한 맥락의 주장을 펼쳤다.

아렌트는 아이히만이라는 한 개인을 '반유대주의의 상
징'으로 다루겠다는 예루살렘 법정의 의도를 꼬집었다. 유
대인에 대한 최종 해결책을 실질적으로 담당한 일개 관료였
을 뿐인 아이히만을 유럽 전역을 막강하게 휘감았던 '국제
적 반유대주의'의 상징으로 등극시킬 이유는 없지 않은가.

아렌트는 여타 민족(인종)들에게 본때를 보이듯이 홀로
코스트를 가지고 재판의 여러 국면을 연출하는 한편, 유대
인으로서의 정체성에 덜 집중하는 '홀로코스트 이후 세대'
의 유대인들을 '참교육'하고자 아이히만을 유용한 교재처럼
활용한 예루살렘 법정을 비판했다. 어느 경우에라도 법정은
사법적 정의를 추구해야 한다고 믿었기 때문이다. 아렌트가

보기에 아이히만을 피고로 세워 떠들썩하게 재판을 진행한
예루살렘 법정은 사법적 정의 외에 여러 가지 요인을 고려
했다. 계획적으로, 또 의도적으로.

　　이로써 정의를 추구해야 할 법정이 정작 정의를 뒷전에
두었다는 안타까운 역설이 드러난다. 이는 불쾌한 표식도
악독한 예고도 없이 평범하고 진부한 모습으로 악이 출현한
다는 역설 못지않게, 《예루살렘의 아이히만》에서 아렌트가
전하게 된 또 다른 심각한 역설이다. 당시 이 두 역설은 현실
에서 상당히 유사한 방식으로 작동하기까지 했다. 한쪽에는
나치 전체주의 체제와 대중적 감성의 규율에 발맞추고자 노
력한 나머지 무사유의 인간이 되어버린 아이히만이 있었다.
다른 한쪽에는 '홀로코스트 세대를 위한 복수 및 홀로코스
트 이후 세대를 위한 교육'에 집중한 생존 유대인 그룹과 이
스라엘의 대중적 정서에 발맞추고자 노력한 나머지 또 다른
차원의 무사유에 빠진 예루살렘 법정이 있었다. 유대인이든
비유대인이든 '정의의 집'이 일부러 정의를 도외시하고 다른
화두를 챙기고 있음을 알아챈 사람들이 당대에 없지는 않았
겠지만, 아렌트처럼 콕 집어 진술한 사람은 없었다.

　　정치이론가 아렌트는 언제나 '팩트$_{fact}$'와 그것이 바탕을
이룰 때 인식 가능한 '진실$_{truth}$'을 중시했다. 《예루살렘의 아
이히만》에서 그러한 아렌트의 의지를 꼭 느껴보길 바란다.

예루살렘 법정은
정의의 요구를
충족시키는 데
어느 정도 성공했는가.

Eichmann in Jerusalem, 1963

아이히만에게도
양심은
있었다

《예루살렘의 아이히만》에서 비중 있는 조연을 꼽으라면 친위대 수장 하인리히 힘러Heinrich Himmler일 것이다. 그는 자주 등장할 뿐 아니라 전체 줄거리에서 중요한 역할을 했다. 그중 하나가 살인 명령과 학살 임무 앞에서 친위대원들이 맞닥뜨린 '양심의 가책 문제'를 해결해주었다는 것이다. 힘러는 양심이 있다면 떠오르게 마련인 죄의식을 일단 수긍한 다음에 그것의 방향과 기원을 바꿔주었다. 죄의식 문제를 양심의 차원이 아니라 임무 완수, 또는 책임의 차원에서 다루도록 도와주었던 것이다. 윗사람의 말을 잘 따르도록 훈련받은 친위대원들이었기에, 힘러의 말도 새겨들었다. 그 결과는 다음과 같았다.

> '내가 사람들에게 얼마나 끔찍한 일을 하고 있는가'라고
> 말하는 대신 '나의 의무를 이행하는 가운데 내가 얼마나
> 끔찍한 일을 목격해야만 하는가, 내 어깨에 놓인 임무가
> 얼마나 막중한가'라고 살인자들은 말할 수 있게 되었다.
>
> _《예루살렘의 아이히만》, 174쪽.

그리하여 재판장을 맡은 모셰 란다우Moshe Landau 판사나 방청객들은 모두 도덕적 물음을 제기하는 단계부터 막막한 느낌을 받았다. 아이히만에게도 정말 양심이 있단 말인가. 양심이 있다면 어떻게 그런 끔찍한 짓을 계획하고, 또 저지를 수 있는가.

아렌트는 아이히만을 관찰하며 양심의 '있고 없음' 대신 양심의 '근거'에 초점을 맞추었다. 양심이 있고, 또 양심의 가책을 느낄 수 있는 평범한 사람이라도 '어떤' 사회체제 아래에서는 양심의 방향을 전격적으로 바꿀 수 있다는 사실을 아이히만의 사례에서 발견했기 때문이다. 이게 무슨 이야기인지 좀 더 자세히 살펴보자.

양심의 가책 넘어 양심의 근거에 주목하라

나치 치하에서 독일인의 절대다수는 히틀러를 신봉했다. 물론 히틀러를 암살하려는 사람들도 종종 나타났다. 아렌트는 이들 암살자의 동기가 다른 사람들이 고통당한다는 사실이 아니라 독일이 패배해 폐허가 되리라는 염려라고 보았다.[4] 다시 말해 인류 보편의 도덕적 양심보다는 독일에 대한 애국심, 국익에 대한 관심, 즉 나라와 민족에 대한 양심적 태도가 나치에 대한 반란과 히틀러 암살 계획의 주된 동기로 작동했다는 것이다. 그 대표적 사례가 영화 〈작전명 발키리〉로도 만들어진, 히틀러 발밑에서 폭탄을 터뜨렸는데도 실패로 끝난 1944년의 암살 시도다. 아렌트는 이처럼 애국심과 자부심을 품은 군인이나 여타 엘리트들이 계획한 암살 시도에 대해서는 일정 정도 거리를 두고 비판했다. 단 '백장미단'의 한스 숄Hans Scholl과 조피 숄Sophia Scholl 남매를 비롯해,[5] 죽기까지 나치에 항거한 몇몇 사람에 대해서는 양심의 근거가 건강했다고 평가했다.

아렌트는 양심이 누구에게나 있으며, 어떻게든 작동은 한다고 보았다. 양심은 어쩌면 신이 인간에게 심은 기본 사양 같은 것일지 모른다. 따라서 인간의 양심을 관찰할 때는 존재 여부나 작동 여부를 평가하려 하기보다는, 당사자가

밝히는 양심적 행동의 근거에 초점을 맞출 필요가 있다. 비
근한 예로 전쟁터에서는 적군을 죽일 때마다 양심의 가책을
느껴 주춤하는 병사가 적을수록 아군에 유익할 것이다.

　직관적으로 이해하기 어렵고 믿기 어려울 수 있지만 '유
대인 대학살 기획자' 중의 한 명인 아이히만에게도 양심이
있었고, 실제로 때로는 죄의식과 양심의 가책을 느끼곤 했
다. 그에게 용서받을 수 없는 죄, 즉 죄의식이 느껴지는 행위
란 '수많은 유대인을 죽이는 일'이 아니라 '인간에게 불필요
한 고통을 일으키는 것'이었다.[6] 아이히만의 양심은 살해 자
체가 아니라 고통 유발에 더 민감하게 반응했다고 볼 수 있
다. 독일 전체가 히틀러의 전쟁 욕구와 반유대주의에 전염
되었을 시기에는 수많은 사람의 양심이 아이히만의 경우처
럼 작동했던 것 같다.

　1944년의 어느 날, 나치 독일의 한 여성 지도자는 만약
패배하더라도 가스를 이용해 편안한 죽음을 맞을 수 있도록
총통이 미리 예비해놓았으니, 염려할 필요가 없다고 다른
사람들을 격려했다.[7] 그가 말한 가스를 이용한 편안한 죽음,
심지어 안락사나 존엄사처럼 이해된 평화로운 죽음은 사실
당시 유대인들이 하루가 멀다고 겪는 일이었다. 그 익명의
지도자는 유대인들이 가스를 통해 편안하게 죽음을 맞는다
고 믿었다! 물론 아이히만도 그렇게 생각했다. 나치에서 차

곡차곡 승진한 대부분의 관료는 타인에게 편안한 죽음을 제
공하는 일에 나름의 '배려'가 깃들어 있다고 느꼈다. 타인을
향한 배려가 양심을 위태롭게 할 리 없다. 배려를 느끼는 쪽
으로 양심의 진로가 정해진다면, 가책을 느낄 이유도, 필요
도 없다.

양심과 모순을 일으키지 않는 악의 평범성

《예루살렘의 아이히만》을 후루룩 읽어낸 몇몇 사람은 아렌
트가 아이히만에게 속았다며 비판하는 데 열을 올리곤 한
다. 즉 여타 범죄자들처럼 아이히만도 무죄 선고를 노리고
어리숙한 사람같이 보이도록 연기했는데, 여기에 아렌트가
속아 넘어갔다는 것이다.[8]

　　딱 한 가지만 지적하자. 아렌트는 단 한 번도 '아이히만
의 무죄'를 주장하지 않았다. 오히려 1948년 유엔총회에서
채택된 '제노사이드 협약'에 따라 전 인류가 참여하는 국제
형사재판소에서 "건전한 소동"을 일으켜야 한다고 주장했을
만큼 아렌트는 아이히만의 죄가 막중하다고 판단했다.[9] 아
렌트는 무죄를 주장하는 아이히만의 상투적 언변과 메소드
연기에 속아 넘어갔던 것이 아니라, 무죄를 호소하는 아이

히만과 유죄를 공언하는 예루살렘 법정의 상호작용을 철저히 분석하는 가운데 양심과 모순을 일으키지 않는 현상, 즉 악의 평범성을 발견했던 것이다.

　　자기 양심과 모순을 일으키지 않는 삶. 세상 모든 사람은 그런 삶을 살고자 하며, 아마도 십중팔구는 그리 살고 있다고 자부할 것이다. 일부러 자기 양심과 불일치하는 삶을 계획하거나, 자아분열적 삶을 살고자 의도하는 사람은 없다. 자기 합리화든 확증 편향이든 거짓말을 하든 변명을 둘러대든 핑계를 읊조리든, 사람들은 양심적으로 살고자 자기 나름대로 노력한다. 양심의 근거를 확고히 가지고 있다. 아이히만도 대부분의 평범한 사람과 다르지 않은, 양심에 관한 노력과 근거를 지녔을 것이다.

　　그런 의미에서 한 가지 제안이 있다. 《예루살렘의 아이히만》을 단숨에 읽기보다는 한 단락 한 단락 생각하며 천천히 읽어 내려가면 좋겠다는 제안.

살인자들은 말한다
나의 의무를
이행하는 가운데
얼마나 끔찍한 일을
목격해야만 하는가.

Eichmann in Jerusalem, 1963

악도
관리될 수 있다는
교훈

아렌트가 《예루살렘의 아이히만》을 쓰며 의도한 기대 효과
를 한마디로 정리하면 '교훈 나눔'이었다. 물론 본격적인 도
덕 교과서를 의도했던 것 같지는 않다. 아렌트는 일반적인
의미의 설교자 스타일은 아니었다. 아렌트는 나치 전범 아
이히만을 재판한 예루살렘 법정에서 배운 악의 평범성이란
교훈을 독자들과 나누려 했다.[10]

교훈의 요지는 우리가 주의하고 경계하면 악의 평범성
을 예방할 수 있다는 것이다. 한마디로 '악의 평범성은 관리
될 수 있다.' 비근한 예로 대혼란을 일으킨 코로나19를 국가
와 지역사회 차원에서 관리해냈듯이, 치명적 위험을 품은

악이라 할지라도 관리될 수 있다는 교훈을《예루살렘의 아이히만》에서 배울 수 있다. 이 교훈은 인간이 악에 속수무책으로 당하는 존재가 아니라는 믿음을 포함한다. 바로 인간에 대한 믿음이다. 또 악이 떠오르기 전에 그것을 예방할 방안이 없지 않으며, 혹시 악이 이미 떠올랐더라도 적절히 관리해 더는 번지지 않게 조절할 수 있다는 희망을 암시한다. 그런 의미에서 보면 아이히만 개인은 물론이거니와 나치 집권 전후의 독일 사회는 일종의 반면교사에 가깝다.

국가적 위기를 악용한 나치

《예루살렘의 아이히만》에서 아렌트는 나치의 독일 장악에 대공황이 결정적 계기가 되었다고 지적한다. 이는 아렌트뿐 아니라 나치의 느닷없는 권력 획득을 분석한 대부분의 연구자가 합의하는 내용이기도 하다. 1929년 10월 미국에서 시작된 대공황이 없었더라면, 나치는 사회불안을 막연히 '남탓(유대인 탓)'으로 해결하려는, 그저 품격 낮고 정치철학도 없는 군소 정당 중 하나로 찌그러져 있다가 이내 사라졌을 것이다. 그러나 대공황이 시작되자 독일 사회는 곧바로 휘청거리게 되었고, 바로 그 틈에 나치가 '몰라보게' 성장했다.

　　대공황 직전인 1928년 선거에서 고작 2.6퍼센트의 지지율로 총의석수 500석 중 12석만 차지했던 나치는 대공황 직후인 1930년 선거에서 107석을 얻으며 원내 제2당이 되었다. 불과 2년 만에 일어난 변화였다. '폭망(대실패)'한 지난 선거를 반성하고 개과천선했기 때문일까. 정치철학의 부족함을 성찰하고 대오각성을 이룩했기 때문일까. 둘 다 아니었다. 국가 규모의 사회적·경제적 위기가 전혀 관리되지 못하던 때 히틀러 일당의 유대인 혐오 감정이 갑자기 대대적으로 동의를 얻었기 때문이다. 그동안 귀 기울일 만하다고 쳐주지도 않았던 '유대인 때문이야'라는 나치의 생각이 위기 상황을 등에 업고 설득력을 갖추게 되었다.

　　그런데 치명적 위기를 이용했는데도 나치는 제1당이 되지 못했다. 그들은 당시 대통령 파울 폰 힌덴부르크Paul von Hindenburg가 히틀러를 총리로 임명하도록 집요하게 설득해야 했고, 뜻을 이룬 후에도 국회의사당 방화 사건이라는 또 다른 위기에 편승해야 했다. 그 정신없는 상황에서 국회를 해산하고 공산당을 탄압하는 등 정치적 조작이 추가로 동원되었다. 나치가 총체적으로 독일을 집어삼키기까지는 정치적 무력감을 사회 구석구석까지 퍼뜨리는 일들이 계속해서 발생했다. 나치는 정치를 해가면서 정권을 획득한 게 아니라, 정치를 없애가면서 정권을 획득, 확장해갔다.

건강한 시민 정신이라는 안전장치

히틀러를 띄우고, 반유대주의를 우기고, 공산당을 범죄 집단으로 조작하는 일련의 과정을 거쳐 나치는 비로소 독재 정권을 옹립할 수 있었다. 이후 평상시였다면 평범한 소시민으로 조용히, 어쩌면 허접하게 살았을지 모를 아이히만이 친위대에 취업했고, 유대인 대학살 프로젝트에 가담하게 되었다. 아이히만은 사회의 지배적 흐름에 올라타고자 결심했고, 실제로 그렇게 했다. 아렌트는 그런 사람들을 전체주의 운동에 동원된 폭민으로 호칭한다.

　일련의 사태를 최근 우리가 겪었던 팬데믹에 비유해보자. 평범한 사람들 안에 증상을 보이지 않고 잠복 중인 '어떤 것'이 있다고 가정하고, 그것을 'X'로 표시하겠다. X는 평상시에는, 즉 팬데믹 이전에는 선도 아니고 악도 아닌 상태로 가만히 존재한다. 거의 중립적이며 거의 움직이지 않는다. 활성화될 일 자체가 거의 없었다는 표현이 더 맞을 수 있다. 그래서 그것의 정체를 알아채는 사람이 별로 없고, 굳이 알아채야만 하는 직접적 이유도 거의 없다. 그러다가 사회적으로 건강과 관련된 위기 상황이 발생하면, 그때까지 선인지 악인지 불분명했던 X가 마침내 반응을 일으키며 정체를 드러낸다. 어떤 사람에겐 '악'으로 그리고 또 어떤 사람에겐

'선'으로!

　나치 집권기 독일에도 악을 발산하지 않거나, 아예 거부하는 사람들이 있었다. 코로나19에 감염된다고 해도 모두 폐렴을 앓는다거나, 무조건 사망하지 않는 것처럼 말이다. 평소 관리를 잘해 건강한 신체는 코로나19의 침입을 비교적 건강하게 견뎌낸다. 반면에 기저 질환이 있는 등 어떤 의미로든 취약한 신체는 상대적으로 코로나19에 무너지기 쉽다. 또 국가마다 코로나19 사망률이 다른 데서 알 수 있듯이, 치료와 관리가 얼마나 체계적이고 양질인지에 따라 결과가 달라지기도 한다.

　악의 평범성도 이와 비슷한 듯싶다. 평상시에 민주주의적 시민 정신을 잘 관리한 사회는 일시적으로 위기가 찾아온다고 해 쉽사리 망가지지 않는다. 위기를 민주주의적으로 해결하고자 노력하고, (비유하자면) '기저 질환이 있는' 구성원까지 돌보려 힘을 발휘한다.

인간이 악에
속수무책으로
당하는 존재가
아니라는 믿음,
바로
인간에 대한 믿음.

Eichmann in Jerusalem, 1963

누구와
동일시할
것인가

《라헬 파른하겐》을 우리말로 옮기는 일은 정말이지 녹록지 않았을 것이다. 아렌트의 복잡한 이야기 스타일이 정점에 달한 책이기 때문이다. 우선 한 문장 안에 주인공 라헬 파른하겐Rahel Varnhagen의 일기는 물론이거니와 라헬 친구들의 일기와 저서들까지 빈번히 인용되는데, 그래서 따옴표투성이다. 따옴표 안의 내용을 그대로 우리말로 옮기면 어색해지는 문장이 태반이다. 영어는 중요한 의미를 명사와 명사구에 집어넣지만, 한국어는 중요한 의미를 동사와 형용사 같은 서술어에 배정한다. 대체로 엇박자인 셈이다.

심지어 아렌트는 라헬의 살롱 구성원들에게 '빙의'해

'we'라는 대명사를 간간이 사용한다. 이야기를 잘 따라가는 사람이야 마치 바로 옆에서 라헬의 이야기를 들려주는 듯해 생생하겠지만, 대부분은 '아니, 여기서 '우리'가 왜 나와?' 하고 혼란스러울 것이다. 그 외 무수히 나오는 대명사도 한국어 문법에는 없는 요소인지라 혼란을 일으킨다. 아렌트는 라헬의 이야기를 평범한 유대인들이 겪는 보편적 현상으로 해석한 문장을 덧붙이는데, 그때마다 영문법에 따라 이인칭 대명사 'you'를 사용한다. 그리고 '인간(인류)'을 'man'으로 표기하는 언어적 습관 때문에 남성 삼인칭 대명사 'he', 'his', 'him'도 사용한다. 당연히 'you'는 '당신'을 지칭하지 않으며 'he'는 어떤 '남성'을 가리키지 않는다. 다음 두 문장을 읽어보자.

> 자기와 타인을 비교하려 할 때 그는 이미 다시 삶을 사랑하기 시작한 것이다. 나중에 그는 그것을 평범한 불행이라고 부름으로써 자신의 우울함을 헐뜯을 것이다.
>
> _《라헬 파른하겐》, 101쪽.

　이 앞에는 라헬과 라헬의 여동생 이야기가 서술되어 있다. 따라서 이 문장들 속 '그'는 라헬을 포함한 인간 전반을 가리키는 대명사다. 라헬은 결혼한 여동생과 자신을 비교하며 고통스러울 만큼 부러워했지만, 이윽고 여성의 결혼을 평범한 수준의 인생으로 인식하는 "관대한 체념"에 도달했다. 그 결과 "그녀가 다시 살고자 하기 시작했으며 절망 속에서 삶을 사랑하게 되었다"라는 게 아렌트의 분석이다.[11]

　아렌트는 은유적인 표현도 자유자재로 사용하는데, 옮긴이에겐 꽤 성가신 부분이었을 것이다. 일례로 아렌트는 책의 앞부분에서 라헬이 만난 어떤 남자를 설명하며 "약혼한 파리의 로마인처럼" 잘생겼다고 표현한다.[12] 그 로마인은 라헬이 서른 살 무렵 만났던 여덟 살 연하의 빌헬름 보켈만 Wihelm Bokelmann이었다. 그리스 신상만큼 뛰어난 보켈만의 미모는 예쁘게 생기지 않은 라헬의 기분을 살짝 언짢게 할 정도였다.[13] 앞서 단 한 번 나온 이 은유 표현을 잘 기억하고 있어야 "약혼한 파리의 로마인처럼"의 의미를 놓치지 않을 수 있다.

아렌트의 '리얼'한 글쓰기

이야기 스타일에 이어 내친김에 아렌트의 글쓰기 스타일도 살펴보자. 아렌트의 글에는 그의 장난꾸러기 같은 특징이 녹아들어 있다. 신학자는 아니라면서도, 아렌트는 아우구스

티누스의 신학 사상을 연구한 박사논문을 집필하며 연구 인
생을 개시했다. 박사과정 당시 아우구스티누스 연구가 유행
이었다고는 하나, 무슨무슨 주의에 속하는 걸 싫어해 동시
대의 유명한 학파나 주제와는 언제나 거리를 두었던 아렌
트가 무작정 남들과 같은 연구에 뛰어들었다고 보기는 어
렵다. 비슷하게 자기 자신을 페미니스트로 규정하지 않았는
데도, 독일 낭만주의 시대에 살롱을 운영한 유대인 여성 라
헬을 발굴해 교수자격논문의 주제로 삼았다. 프랑스 문학가
오노레 드 발자크Honoré de Balzac가 성취한 '리얼리즘의 승리'가
연상된다. 누구든 현실에 충실히 발 딛고 진실하게 사실대
로 글을 쓴다면, 자신의 취향이나 지향을 거슬러 당대의 사
회 현실을 '리얼'하게 그려낼 수 있다는 의미의 '리얼리즘의
승리' 말이다. 프랑스혁명 당시 발자크는 왕당파였다. 그러
나 왕정복고를 원하고 귀족 사회로의 회귀를 소망하는 자신
의 의지를 거슬러, 혁명 이후 민주공화국으로 나아가는 프
랑스 사회의 일면을 리얼하게 그려냈다. 아렌트의 글쓰기
목표 또한 '현상에 대한 리얼한 서술'이 아니었을까.

　그러므로 아렌트의 글쓰기 스타일은 '술은 마셨지만, 음
주운전은 아닙니다' 하는 식의 자기 배반이 결코 아니다. 그
보다는 인간의 활동을 듣는 이와 읽는 이 앞에 최대한 있는
그대로 내어놓는다. 아렌트의 저서는 하나같이 '리얼'하다.

그래서 나는 아렌트를 리얼리스트로 칭하고 싶다. 하여 아렌트를 직접 만난다면, 무슨무슨 주의를 '싫어하는' 사람이지만, "당신은 리얼리스트예요"라고 말 건네는 상상을 가끔 해본다.

나는 여성이다? 나는 라헬이다!

앞서 언급했듯이 아렌트는 페미니스트를 자처한 적이 없었고, 페미니즘(여성주의)과 관련된 글을 쓴 적도 없었다. 1960년대 중후반 '1세대 여성운동'이 불타올랐을 때 미국에 살고 있었지만, 동조하지 않았다. 그 유명한 베티 프리던Betty Friedan 같은 페미니스트들과 교류했던 흔적도 없다. 유럽에 들를 때 가끔 만났던 사르트르는 아렌트의 글에 몇 번 등장하지만, 그의 연인이자 페미니즘의 고전으로 일컬어지는《제2의 성》을 쓴 시몬 드 보부아르는 등장하지 않는다. 프린스턴대학교 최초의 여성 교수로 선임되었고(실제로 부임했던 것 같지는 않다), 굵직한 학문적 업적을 구축한 세계적 석학들만 초청한다는 기포드 강연Gifford Lectures이 발굴해낸 최초의 여성 연사였지만(두 번이나 초청받았다), 페미니스트들에게 아렌트는 별 인기가 없었다. 단적인 예로 여성학자 에이드리언 리

치Adrienne Rich는 "여성의 정신에 간직된 남성 이데올로기" 탓
에 여성의 신체와 정신의 연결이 끊긴 것을 아렌트에게서
볼 수 있었다고 비판하며,《인간의 조건》을 "숭고한 동시에
손상된 책"으로 평가했다(아렌트가 사망한 직후의 일이었다).[14]
이렇듯 아렌트는 대다수의 페미니스트에게 페미니스트로
인식된 적이 없었다. 그러나 아렌트는 한 편의 여성 전기를
자신의 첫 작품으로 기획하고, 실제로 완성했다. 이 글쓰기
작업은 이례적인 일 정도가 아니었다. 비슷한 작업이 훗날
또 이뤄졌다. 아렌트는 여성 마르크스주의 이론가 룩셈부르
크, 여성 작가 디네센의 생애를 천착하는 멋진 에세이를 써
내며, 그들을 공히 어두운 시대에 빛으로 살아간 인물들로
추앙했다.

　　그런데《라헬 파른하겐》서문에서 아렌트는 여성의 문
제의식을 반영하지 않겠다고 '선포'했다. 남성적 입장과 여
성적 입장의 "닫힐 수 없는 틈"을 분명히 인식하고 있었지
만, 아렌트는 여성 의식을 "이 전기에 포함될 사실들에 절대
적으로 필수적일 때만 언급"하겠노라고 밝혔다.[15] 성인지 감
수성, 다른 말로 성주류화를 추구하는 여성운동가들이 보기
엔 대단히 불쾌한 판단일 수 있었다. 무엇 하러 저렇게까지
얄밉게 굴었을까 싶지만, 아무튼 그랬다.

　　그렇지만 아렌트는《라헬 파른하겐》에서 여성적 문제

의식을 계속 언급할 수밖에 없었다. 유산상속, 어머니와 딸의 관계, 자매 사이의 관계, 여성 친구들과의 관계, 여성의 연애와 결혼, 여성의 의사소통 등 각종 소재에서 여성적 문제의식을 드러냈다.

　타인에게 온전히 공감하는 방식 가운데 동일시가 있다. 로마의 노예 검투사 스파르타쿠스가 일으킨 반란의 한 국면이 그 대표적인 사례다. 로마군에 포위당하자, 스파르타쿠스가 체포되지 않도록 반란군 동지들은 너도나도 일어나 "내가 스파르타쿠스다!"라고 외쳤다고 한다(역사적 사실이 아니라는 평가도 있다). 우리에게 더욱 가까운 사례도 있다. 위험한 고압송전탑 건설을 강행하는 정부에 온몸으로 맞선 경상북도 밀양시의 주민들을 지지하는 의미로, 2013년 탈핵활동가들이 한목소리로 외친 "우리가 밀양이다"라는 동일시 선언이다.

내가 선택한 내 삶의 동행자

라헬은 유럽인이었다. 그는 프랑스혁명과 나폴레옹전쟁의 와중에 독일과 오스트리아와 체코 등 유럽 이곳저곳을 돌아다니며 살았다. 베를린에서 태어났지만, 어렸을 땐 독일어

보다는 이디시어Yiddish(동유럽 유대인들의 언어)를 썼다. 그러
다가 마흔을 훌쩍 넘긴 나이에 열네 살 연하의 독일인 남성
과 결혼하며 '파른하겐'이라는 성을 얻었다.

　무엇보다 라헬은 낭만주의 시인 하인리히 하이네, 낭만
주의 신학자 프리드리히 슐라이어마허 그리고 대작《파우
스트》를 써낸 대문호 요한 볼프강 폰 괴테, 인문과학과 자연
과학 분야의 '넘사벽(넘을 수 없는 사차원의 벽)' 실력자들인 훔
볼트 형제 등 당대 유럽의 최고 지식인들이 교류했던 '베를
린 살롱' 중 한 곳의 주관자였다. 주관할 뿐 아니라, 그들과
인생 과제를 두고 대등하게 대화할 만큼 탁월한 의사소통
능력을 뽐냈다. 그렇지만 웬일인지 자기 자신의 문제를 해
결할 방법은 도무지 배우지 못했다는 의미에서 "가장 위대
한 무식쟁이"라는 평판을 얻었다.[16]

　아렌트는 이 "가장 위대한 무식쟁이"에게 자신을 동일
시했다. 왜, 또 어째서? 동화된 유대인을 추구했건만 평생
동화에 성공할 수 없었던 라헬의 근원적·실존적 절망을 아
렌트가 이해했기 때문이 아닐까. 아렌트는 '한 인간의 다른
인간으로의 동화'가 애초에 불가능한 목표이므로 라헬이 절
망할 수밖에 없었다는 사실을 알았다. 예컨대 유럽 문화에
동화된 유대인은 그 사람이 누구든 '동화된'이라는 특징이
첨가된 유대인이기에, 결코 유럽인으로 인식된 적이 없었

다. 아렌트 또한 그와 같은 동화된 유대인의 삶을 직접 체험한 바 있었다.

체험이 동일하더라도 서로 동일시하지 않는 경우는 뜻밖에도 매우 많다. 일례로 한국전쟁을 동일하게 체험한 노인들을 보라. 동일한 경험을 얼마나 다르게 해석하는지 그 격차가 놀라울 정도다. 반면에 동일시를 굉장히 극단적으로 실천하는 경향도 쉽게 눈에 띈다. 노래 잘하고 춤 잘 추는 아이돌에게 동일시, 유명한 유튜버에게 동일시, 그림 잘 그리는 웹툰 작가에게 동일시, 성형수술로 외모를 진보시킨 연예인에게 동일시, 출세한 누구누구에게 동일시 등등….

어떤 이에게 동일시할지는 의식적으로든 무의식적으로든 내가 결정하는 것이다. 이 동일시는 내가 누구인지 아는 일과 떨어져 있지 않다. 5장에서 만나게 될《책임과 판단》에서 아렌트는 이렇게 설명한다.

> 옳고 그름에 대한 우리의 결정들이 우리가 함께하려는 사람, 우리의 삶의 여정에서 동행하고픈 사람을 선택하는 데 달려 있다.
>
> _《책임과 판단》, 275쪽.

박사학위를 막 마친 젊은 유대인 여성 아렌트에게, 자

기 삶의 여정에 함께하고픈 사람은 바로 라헬이었던 것 같
다. 라헬 사후 출판된 그의 글 모음집에 뒤섞인 남편의 '편집
자적 개입'을 가능한 한 걷어내야만 비로소 만날 수 있는 '진
짜배기 라헬' 말이다. 《라헬 파른하겐》을 읽어보면 아렌트
가 어느 지점에서 라헬에게 동일시했는지 놓칠 수 없다. 바
로 '평생토록 내가 나의 태생과 싸운다'라는 지점이다. 이건
'아我와 비아非我의 투쟁'이 아니다. 또 의지와 노력을 집대성
하면 어느 정도 도달할 수 있는 '극기克己'도 아니다. 타인과의
관계 속에서 언제나 부딪히게 되는 '나'라는 사람의 '정체성'
문제다.

타인에게
온전히
공감하는 방식,
동일시.

Rahel Varnhagen, 1957

나를
이해하는 일에서
시작하기

한 가지 질문을 던져보겠다. '나는 나 자신으로 살아도 괜찮은가?' 이에 대해 너무나 당연한 것 아니냐고, 또는 제삼자에게 무엇 하러 물어보냐고 섣불리 코웃음 치지 않기를 바란다. 이 문제는 상당히 심각하며, 비단 라헬만의 문제도 아렌트만의 문제도 아니다.

누구나 자신이 생각하는 자기 정체성이 있기 마련이다. 만일 그 정체성을 마음껏 꽃피우지 못하는 사태가 발생하면 우리는 대개 자기 자신에게 의혹을 품는다. '계속해서 내가 원하는 대로, 나 자신으로 살아도 될까?' 하고 묻는 것이다. 예컨대 스스로 생각하는 정체성은 전 세계를 돌아다니는 여행가인데, 실상은 매일매일 만원 지하철로 출퇴근해야 하는 월급쟁이라면, '나는 나 자신으로 살아도 되는가?' 하고 묻지 않을 수 없다. 묻지 않는 게 오히려 더 이상하다. 하지만 얽히고설킨 인간관계 때문에, 먹고살아야 하기 때문에, 또는 엄혹한 사회 현실 때문에 자기가 파악한 자기 정체성을 우선하지 못하는 이들이 의외로 많다. 어떤 이들은 이를 '상황', 또는 '운명(팔자)'이라고 부른다. "상황이 도와주지 않아 이 모양 이 꼴로 산다"라며 투덜대거나, "뒤로 넘어져도 코가 깨지는 사람이 바로 나"라며 푸념하는 것이다. 사실 평생 '상황'과 '운명' 같은 것에 구애받지 않고 매 순간 100퍼센트 주체적으로 살아왔다고 호언장담할 수 있는 인간은 세상에 단 한 명도 없다. 지구에 태어난 것, 한국인 부모 밑에서 태어난 것, 여자, 또는 남자로 태어난 것 등등 생애의 첫 순간부터 우리는 비주체적 사건을 다루며 산다.

나다운 질문과 나다운 대답

인간관계에 영향을 미치는 태생 문제를 깊이 천착한 사람이 유대인 여성 라헬이었고, 유대인 여성 아렌트였다. 그런데 이 문제는 태생에 대한 각성을 동반하기에 고통스럽다. 결

론도 없다. 그나마 내리게 되는 잠정적 결론조차 이른바 진
취적이기보다는 현실에 순응하는 쪽으로 흐르기 쉽다. '유
대인으로 태어난 걸 어떡해' 하는 식…. 그래서일까. 아렌트
의 다른 저서들에 비해《라헬 파른하겐》에는 은근한 슬픔의
정서가 깔려 있다. 그런데 어떤 독자들에겐 그 정서가 '역설
적으로' 치유와 위로가 된다. 바로 이렇게. '아! 나만 이런 무
기력감에 사로잡히는 게 아니구나! '노오오력'을 해도 안 되
는 일이란 게 누구에게나 있구나! 꼭 내가 못나서 이런 일을
겪는 것만은 아니구나!'

　　《라헬 파른하겐》의 치유와 위로는 뜨겁게 안아주는 방
식은 아니다. '나보다 더 딱한 사람도 있네' 하는 생각이 들
게끔 비교 우위를 조장하지도 않는다. 여우와 신 포도 이야
기처럼 '정신 승리(자기 합리화)'를 끌어내지도 않는다. 라헬
의 삶을 담담하게 따라가는 아렌트에게서 느껴지는 위로의
기운은 사실 약간 서늘하다. 이 위로는 자기 비하와 열등의
식에 맞서 스스로 싸울 힘을 내게 한다. 스스로 싸울 힘이다.
그 힘은 모든 사람이 갖추고자 노력하는, 아니 갖춰야 마땅
한 '주체성subjectivity'을 지향한다. 살다 보면 도무지 거스를 수
없는 상황도 있고, 헤쳐나가기 어렵게 주어진 운명도 있지
만, 그러한 요인들과 자기답게 상호 작용하도록 뒷받침해주
는 심리적 기본 체력으로서의 건강한 주체성 말이다. 건강

한 주체성은 건강한 자기 정체성 파악identify과 궤를 같이한다. 건강한 자기 정체성은 '나는 누구인가?'라는 물음에 대한 자기다운 대답이기도 하다.

　참고로 아렌트는 자기소개를 할 때면 대개 유대인이며 여성임을 명시하곤 했다. 철학자도 아니고, 무슨무슨 주의자도 아니라고 늘 강변했지만, '유대인' 그리고 '여성'이라는 자기 정체성은 필요한 경우 반드시 표명했다. 유대인이라 공격받으면 유대인으로서 방어할 수밖에 없다고 말하기도 했다. 공격자가 활용한 의미의 차원을 고려해 방어한다는 뜻 같다. 또는 방어도 소통이 되어야 효과적이라는 뜻 같기도 하다.

　문득 질문 하나를 떠올려본다. 당신이 끝까지 포기할 수 없고, 혹여 공격받을지라도 끝내 표명하게 되는 '당신의 당신됨'의 내용은 무엇인가.

건강한
주체성은
건강한
자기 정체성 파악과
궤를 같이한다.

Rahel Varnhagen, 1957

아렌트의
여성 경험과
사유

여성학, 또는 페미니즘은 인류의 생활과 사상 모든 분야에 여성의 경험이 누락되어 있음을 자각하며 시작되었다.[17] 여성학자 이재경은 여성학을 "여성을 중심에 두고, 여성의 경험과 입장을 탐구의 대상으로 하며, 여성이 탐구의 주체가 되는 데서 출발"하는 학문으로 정의한다. 이어서 여성학은 여성에 대한 연구에 그치지 않으며, 결국 "여성들의 경험을 중심에 두고 여성에 대한 그리고 인간에 대한 연구로 학문적 관심을 확장한다"라고 강조한다.[18] 이러한 정의를 아렌트에게 적용하면, 박사학위 취득 후의 모든 저술은 여성학적 작업이라고 보아도 무방하다. 아렌트의 모든 저서가 여성인 아렌트 자신의 경험에서 출발하기 때문이다. 물론 아렌트는 여성의 경험을 인간의 경험에서 단 한 번도 분리하지 않는다. 여성도 인간이니까.

《라헬 파른하겐》은 18세기 말부터 19세기 초까지 이어진 프랑스혁명의 진행 과정을 가까이에서 경험하고, 독일 낭만주의 시대를 대표하는 여러 살롱 중 하나를 운영한 라헬을 주인공이자 주제의식이자 문제의식으로 삼는다. 아렌트는 이를 교수자격논문으로 집필해 1933년 완성한다. 바로 그해 나치가 집권하는 바람에 결국 의미 없는 일이 되고 말았지만….

오직 여성을 위한다는 착각

아렌트의 저술 가운데 《라헬 파른하겐》과 《어두운 시대의 사람들》의 두 여성에 관한 글을 빼면 여성의 삶과 경험을 직접 논한 것을 찾기란 쉽지 않다. 《이해의 에세이 1930~1954》에서도 '여성해방에 대하여'라는 딱 한 편만이 여성 문제에 천착한다. 게다가 너무 짧은 에세이여서, 이것만 가지고 아렌트의 페미니즘을 논하면 '자의적 각색'이라는 비판을 면할 수 없을 것이다. 따라서 나는 아렌트의 생애와 사상을 일반적 의미의 페미니즘 사상 조류나 계보에 반드시 연결하려 애쓰지는 않겠다. 다만 한 가지만 짚으려 한다. 아렌트는 철학을 하거나 철학자가 되는 일에 대해서는 명확히 거부하지만, 페미니즘과 페미니스트에 대해서는 그러지 않는다. 추측건대 여성이라는 성정체성 문제는 "유대인, 안 하겠다"라거나, "유대인, 하기 싫다"라고 말할 수 없음과 연관될지 모른다.

'여성해방에 대하여'는 심리학자이자 여성운동가인 알리체 륄레게르슈텔Alice Rühle-Gerstel의《현대의 여성 문제: 심리 대차대조표Das Frauenproblem der Gegenwart: Eine psychologische Bilanz》에 대한 비평문이다. 아렌트는 륄레게르슈텔의 여러 논지에 대체로 동의한다. 우선 "교훈적이고 고무적"이라고 평가한다. 그러나 에세이 자체는 "여성해방은 어느 정도는 현실화되었다"라는 도발적 문장으로 시작한다.[19] 여기서 성급히 마음의 문을 닫아선 안 된다. 바로 몇 문장 뒤에 다음과 같은 내용이 나오기 때문이다. 아렌트는 여성의 현실을 잘 관찰해낸다.

> 자세히 들여다보면 여성해방은 원칙적으로 보장되고 있다고 해도 형식적이다. 비록 오늘날 여성들이 남성들과 법적으로 동일한 권리를 가지고 있다고 해도, 여성들

은 사회에서 동등하게 가치를 인정받지 못하기 때문이
다. 경제적으로 여성들의 불평등은 많은 경우 여성들이
남성보다 상당히 낮은 임금으로 일하고 있다는 사실에
서 나타난다. 만일 여성들이 (사회적 가치에 맞게) 동일한
임금수준으로 일한다면 직장을 잃을 뿐이다.

_《이해의 에세이 1930~1954》, 142~143쪽.

이어지는 내용에서 아렌트는 '오직 여성을 위한 여성
운동'은 추상적이라는 견해를 피력한다. 여성운동이 '통합
되고 획일적인 전체로서만' 행동한다면 문제가 될 수 있다
는 지적이다. 이러한 아렌트의 문제 제기는 그때나 지금이
나 의미가 있다. 페미니즘은 생물학적 여성들만의 '통합된
획일적 전체'일 수 없다. '여성의 실존과 인간의 실존'은 겹
쳐 있다. 임의로 분리하기 어려울 정도다. 예를 들어 우리는
다음과 같은 질문들을 피하기 어렵다. 여성운동은 생물학
적 여성들만 똘똘 뭉쳐서 해야 하는 운동인가, 아닌가. 핑크
빛 화장과 섹시한 의상으로 '여성성'을 시위하듯이 선포하는
MTFMale to Female 트랜스젠더는 여성운동의 자원인가, 아닌
가. 수적으로 인류의 절반을 차지하는 인간 집단을 운동 자
원으로 삼는 여성운동은 소수자운동인가, 아닌가.

대부분의 아렌트 연구자가 동의하는바, 아렌트의 사상

은 경험에 철저히 기반한다. 대체로 "아렌트를 이해하려고 할 때 놓치지 말아야 할 것은 아렌트를 정치적 사유의 깊이로 끌어들인 근본경험들"이라고 한목소리를 낸다.[20] 아렌트에게서는 경험과 사유(이론)가 분리되지 않는다. 사유와 경험의 연결, 이론과 경험의 상호 침투적 관계 등은 페미니스트들에게 낯설지 않은 개념들이다. 따라서 나는 아렌트를 자신의 정치이론 그 자체로 여성주의적인 것을 관철한 사람이라고 생각한다. 여성주의적 주제와 사건을 다룬다는 이유에서가 아니라, 여성주의적 방법을 거침없이, 또 매우 꾸준히 사용한다는 이유에서….

한편 아렌트를 페미니스트 집단에 넣어서도 안 되고, 안티페미니스트 집단에 넣어서도 안 된다고 생각한다. 온 세상 사람들이 여성과 남성으로만 나뉘는 것도 아니고, 페미니스트 집단과 안티페미니스트 집단으로만 나뉘는 것도 아니기 때문이다.

자신의 정치이론
그 자체로
여성주의적인 것을
관철한 사람,
한나 아렌트.

Essays in Understanding, 1930-1954, 1994

진정한 신념과 주입받은 신념

《이해의 에세이 1930~1954》

인류 역사상 전무후무했던 전체주의 나치 체제를 만들어낸 히틀러의 언행과 그를 추앙한 독일 국민을 떠올리면 "어떻게 저런 생각과 행동을 할 수 있었을까? 이해가 안 돼"라는 말이 절로 나오곤 한다. 하지만 결론적으로, 또 희망적으로 말해 우리는 전체주의 체제와 전체주의자(전체주의 운동가)들이 왜 저렇게 생각하고 행동하는지 이해할 수 있다. 이해란 바로 그런 것이다. 이해는 동의와 동조와 동감 없이, 있는 그대로 어떤 것의 '처음-가운데-끝'을 순조롭게 바라보는 활동이다.

우선 전체주의 체제를 이해하는 데 필요한 핵심어 중 두 가지를 먼저 살펴보자. 첫째는 '영혼'이고, 둘째는 '공포(두려움)'다.

> 우리는 전체주의 지배와 그 실험이 발견된 이후 인간이
> 자신의 영혼을 잃을 수도 있다는 두려움의 근거를 가질
> 수 있다고 말할 수 있게 되었다.
>
> _《이해의 에세이 1930~1954》, 629쪽.

이 문장은 《전체주의의 기원》에 대한 어느 비판적 서평을 다시 비판하는 글에 포함된 것이다. 아렌트처럼 독일에서 미국으로 건너온 사람 가운데 정치철학자 에릭 푀겔린 Erich Vögelin이 있었다. 그는 《전체주의의 기원》을 읽고 서평을 발표했는데, 아렌트는 이에 대해 '에릭 푀겔린의 서평에 대한 반론'으로 응답했다. 푀겔린은 《전체주의의 기원》을 읽으며 인간의 본성을 논의할 필요를 느꼈던 것 같다. 그는 플라톤과 아리스토텔레스의 영혼이론을 빌려 "사람들은 대체로 영혼을 발견하기 전까지 인간은 영혼을 가지고 있지 않다고 말해야 한다"라고 설명했다. 영혼을 발견하고 인식하는 실존적 주체를 새삼스레 강조한 것이었다. 그러자 아렌트는 마치 기다렸다는 듯이 전체주의가 영혼 상실의 두려움을 부추긴다는 점을 역설했다.

자유 말살과 영혼 상실의 두려움

아렌트가 영혼을 거론한 데는 이유가 있다. 우선 아렌트는 '자유'를 중시한다. 아렌트가 말하는 자유는 앞서 여러 번 강조했듯이 '프리덤'이다. 1번 자유다. 이 자유는 행위의 시작, 전혀 새로운 것의 출현 가능성을 뜻한다. 자유는 새로운 사람이 나타나는 데 있고, 새로운 행위가 드러나는 곳에 있으며, 새로운 사건이 일어나는 자리에 있다. 자유가 있는 바로 그곳에서 인간은 인간답게 산다. 자유가 행위, 곧 정치를 자아낸다.

아렌트에 따르면 전체주의 체제는 바로 그 자유를 말살한다. 어떤 사람에게서 어떤 새로운 것이 나올지 기대할 수 없게 한다. 나치는 강제수용소를 세워 인간에 대한 총체적 지배를 실험했다. 인간을 똑같은 반응만 보이는, 가능한 한 낮은 단계의 존재로 끌어내리려는 것이었다.[21] 강제수용소 안에서 인간은 새로운 것을 시작하지 못했다. 서로 다른데도 똑같은 반응만 보이는 존재가 되었다. 자유가 근본적으로 제거되었기 때문이다.[22] 자유가 제거된 인간, 옆에 있는 동료에게서 자유가 제거되는 것을 지켜보는 인간, 그 인간은 영혼을 빼앗기지 않을까 하는 두려움에 휩싸이고 만다.

아렌트는 전체주의 테러를 전무후무한 테러로 규정한

다. 대규모로 사람들을 학살하는 테러가 역사에 여러 차례 있었지만, 아렌트에 따르면 전체주의 테러는 고유한 특징을 지닌다.

우선 전체주의가 자행하는 테러는 반대자가 감소할수록 줄어드는 게 아니라 오히려 늘어난다. 또한 전체주의 테러는 정권에 반대하는 반체제 인사들을 향하는 게 아니라 무고한 사람들을 향한다. 이는 통계 수치로도 확인할 수 있다. 예컨대 나치 집권 첫해인 1933년에는 강제수용소가 10개 있었고, 수감자는 1만 명 정도였다. 집권 직후부터 나치는 대단히 잔인하고 맹렬하게 반체제 저항운동을 진압했다. 그래서 1936년이 되면 독일 국내에서 반체제 저항운동은 거의 자취를 감추었다. 저항이 사라졌으니, 테러도 사라졌는가. 그렇지 않다. 오히려 확장, 연장되었다. 1937년 친위대 수장 힘러는 강제수용소 확대 설치의 필요성을 역설했고, 이내 현실이 되었다. 그리하여 1940년 이후 나치 독일은 100개 이상의 강제수용소를 운영했고, 수감자 수는 평균 100만 명에 달했다. 소련의 스탈린 체제도 마찬가지여서 시간이 흐를수록 수감자의 수가 늘어났다. 최저 1000만 명에서 최고 2500만 명이 수감되었다고 추산된다. 이에 대해 아렌트는 "정치적 반대자의 절멸 후에야 전체주의적이게 된다"라고 표현한다.[23]

전체주의 테러는 딱히 저항 분자들이 아니라 무고한 사

람들을 향하기 때문에 끝나지 않는다. 말 그대로 체제가 망하지 않는 한 영원히 계속된다. 히틀러는 유대인의 절멸 이후에 공격할 집단을 이미 선정해놓은 상태였다. 1943년 제정된 포괄적인 제국건강법 초안에는 전쟁 후 모든 독일인이 엑스레이 검사를 받아야 하고, 그때 폐나 심장에서 질환이 발견될 경우 그를 포함한 가족 구성원 전원이 강제수용소에 수감될 것이라는 내용이 의미심장하게 들어 있었다.

아렌트에 따르면 전체주의 통치의 본질은 테러다. 그 테러에서 살아남은 사람들은 "신념 있게 되는 것이 무엇인지를 더 이상 알지 못하는 사람들"이다.[24] 어떤 경우에도 흔들리지 않고 견고하게 하나의 주장을 지켜나가는 사람들은 사실상 신념 있는 삶이 무엇인지 알지 못하는 사람들이다. 진정으로 신념 있는 삶이란, 신념을 주입받은 삶과는 다른 것이다.

인간이
자신의 영혼을
잃을 수도 있다는
두려움의 근거,
전체주의 지배.

Essays in Understanding, 1930-1954, 1994

5장

•

세계라는 문제

외로운 사람들을 위한
세계, 사랑

기후위기와
기꺼운
책임

2021년 《옥스퍼드영어사전》이 기후변화와 관련된 표제어들을 공식 업데이트했다. 추가된 것 중 특별히 눈에 띄는 '기후위기climate crisis'와 '지구가열화global heating'는 그간 '기후변화climate change'와 '지구온난화global warming'가 충분히 담아내지 못했던 긴박감과 위기감을 자극한다. 아닌 게 아니라 지구 대기에서 일어난 기후변화는 다만 객관적·이성적 이해력만 요구하지 않는다. 이제는 주관적·정서적 위기감마저 들게 하는 지경에 이르렀다.

얼마 전까지만 해도 기후변화는 과학 분야에서 통용되는 전문적인 주제로 인식되는 경향이 있었다.[1] 여전히 기후

변화에 관한 각종 논의는 과학 분야의 조사와 연구에 의존
하는 게 현실이다. 그렇지만 스웨덴의 청소년 기후운동가
그레타 툰베리나, 할리우드 영화배우 리어나도 디캐프리오
의 예처럼, 기후변화에 관한 한 고전적 의미에서의 과학자
와 비과학자, 전문가와 비전문가, 활동가와 비활동가 구분
이 점점 사라지고 있다. 21세기를 살아가는 지구인이라면
기후변화라는 주제 앞에서만큼은 인류, 즉 인간 종족이라는
'집합' 안에 자신이 포함되어 있음을 어떤 경로로든 감각하
지 않을 수 없다. 대부분의 사람이 기후변화를 집합(인류)의
단위에서 검토해야 할 대주제로 어느 정도 인식하고 있다
는 것이다. 물론 그 문제가 얼마나 시급하며 심각한지, 그 문
제의 해결 주체를 개인, 기업, 정부 중에서 누구로 보아야 하
는지, 무엇부터 해결해나갈 것인지에 대해서는 의견이 아직
분분하지만 말이다.

　　1975년 세상을 떠난 아렌트는 기후변화를 오늘날 우리
처럼 인식하지 않았다. 그렇지만 행성으로서 지구가 인류의
유일한 거처라는 사실은 무겁게 언급했다. 따라서 아렌트가
오늘날까지 살았다면 기후변화를 무심히 넘기지는 않았을
것이다. 물론 추정이지만….

　　　　지구는 가장 핵심적인 인간의 조건이다. 우리 모두가 아

는 것처럼 지구는 우주에서 인간이 별다른 노력 없이 그
리고 그 어떤 인공물도 없이 움직이고 숨 쉴 수 있는 거
주지를 제공하는 유일한 곳이다.

_《인간의 조건》, 78쪽.

죄가 있는 사람과 책임이 있는 사람

《책임과 판단》에는 오늘날 환경운동에 적용하기에 적절한
개념이 하나 있다. 바로 '집합적 책임collective responsibility'이다.
아렌트가 창시한 개념은 아니다. 집합적 책임은 공동 책임
이 있는 사안에 대해 각자가 자기 책임을 수용하고 다른 구
성원들과 연대하는 행위를 가리킨다. 오늘날과 같은 기후위
기 시대에 집합적 책임 개념은 여러모로 생각할 거리를 던
져준다.

개념을 좀 더 확실히 이해해보자. 집합적 책임과 집합적
유죄는 다르다. 책임responsibility과 유죄guilty가 다르듯이. 재판
정에서 유죄와 무죄를 판가름할 때는, 마피아 같은 조직폭
력배 범죄는 물론이거니와 친위대가 벌인 대규모 정치적 범
죄라 할지라도, 해당 집단에 참여한 특정 개인의 특정 행동
이 얼마나 범죄에 깊이 연루되었는지를, 얼마나 자발적이었

는지를 따진다. 이처럼 범죄 가담 정도를 참작하면서 판정하려 할 때 만일 모든 사람이 자발적으로 유죄를 자백하고 나선다면, 누구에게 죄과를 물어야 할지 혼란이 초래될 것이다.[2]

아렌트의 설명에 따르면 집합적 책임의 성립 조건은 두 가지다. 첫째, 내가 직접 하지 않은 어떤 일로 문책당한다. 둘째, 내가 자발적으로 해체할 수 없는 어떤 집단에 속해 있다.[3] 만일 작금의 기후위기가 집합적 책임이라면, 두 가지 조건의 내용을 따져볼 만하다. 첫째 조건은 이렇다. 소비자로서 얽혀 있긴 하지만, 온실가스의 배출 주범인 기계산업, 축산업 그리고 발전산업을 전부 내가 주도적으로 전개하는 것은 아니다. 그런데 웬일인지 나에게도 공동 책임이 있는 것만 같다. 이어서 둘째 조건을 살펴보자. 나는 지구촌이라는 공동체에 속해 있다. 이 공동체는 내가 자발적으로 해체할 수 없다. 좋든 싫든 이 지구에 태어났으니, 나는 지구인으로서 살다가 죽는다.

오늘날의 기후위기는 집합적 유죄가 아니라 집합적 책임의 차원에서 다뤄져야 의미가 있다. 즉 '우리는 모두 유죄입니다'가 아니라 '우리 모두에게 책임이 있습니다'여야 하는 것이다.

도덕적 면허의 함정

세계 최대 규모의 제조 기업인 세이코 엡손은 지난 2년간 기후위기에 대한 전 세계인의 인식 변화를 조사했다. 그 결과, 2021년에는 46퍼센트가, 2022년에는 48.1퍼센트가 기후위기를 해결할 수 있다고 낙관하는 것으로 나타났다. 2022년 조사에서 한국의 경우 기후위기가 시급한 문젯거리라는 데는 26.9퍼센트가 동의했지만, 그 외 33.2퍼센트의 사람들은 이 문제를 피해 갈 수 있으리라 대책 없이 낙관했다.

이러한 상황에서 집합적 책임을 느끼는 소수의 사람조차 책임 있게 행동하지 않는다는 것은 또 다른 문제다. 기후위기를 타개하려면 국가적으로, 또 국제적으로 행동해야 할 때임을 진지하게 받아들이는 이들마저 일상생활에 커다란 변화를 일으키지 않는 한도 내에서만 행동한다는 설문 조사 결과가 있다.[4] 기후위기를 염려한다면서도 "도덕적 면허moral license" 수준의 간단한 행동만을 반복하는 경우가 허다하다. 환경운동 단체들이 제시하는 간단한 방법을 한두 개 정도 실천하고는 '이 정도 했으면 충분하지'라고 생각하며 스스로 위안함으로써 자기 자신에게 도덕적 면허를 발급하는 것이다.[5]

우리 지구인은 하루하루의 날씨 변화에는 예민하고 극

단적 이상기후에는 깜짝깜짝 놀라면서, 전 지구적인 규모로 일어나는 기후위기에는 덜 민감하다. 그리고 사실상 별다른 근거도 없이 이 기후위기가 그럭저럭 해결될 것이라고 낙관한다.

혹시 집합적 책임에 대해 그 총량을 n분의 1로 나누어 각자가 조금씩 감당하면 된다고 이해하기 때문은 아닐까. 그게 아니라면, 집합적 책임을 '집합에 묻어가도 되는' 책임으로 이해하기 때문일까. 이 시점에서 다시 한번 아렌트가 말한 집합적 책임의 두 가지 성립 조건을 되새겨본다. 첫째, 내가 직접 하지 않은 어떤 일로 문책당한다. 둘째, 내가 자발적으로 해체할 수 없는 어떤 집단에 속해 있다.

기후위기는
집합적 유죄가 아닌
집합적 책임의 문제다.

Responsibility and Judgment, 2003

예외가 될
용기

1963년과 1965년에 프랑크푸르트에서 아우슈비츠 강제수용소를 담당했던 친위대원들의 재판이 열렸다. 종전 이후 20여 년간 이곳저곳에서 별 탈 없이 평범한 시민으로 변신해 살고 있던 대략 2000명의 친위대원이 프랑크푸르트로 소환되었다. 이 무렵 독일인 대다수는 전범 재판이 진행되는 것을 더는 원하지 않았다. 그 분위기를 타고 본Bonn시의 법무부 장관 에발트 부허Ewald Bucher는 '우리 가운데 있는 살인자'를 평화롭게 놔두자고 발언하기도 했다. 한술 더 떠 피고로 기소된 친위대원들은 강제수용소에서 혹시 개별적인 가혹행위가 있었더라도, 그것은 당시 과격한 유대인 수감자들을 제지하기 위함이었다는 변명을 지어내기까지 했다.

아렌트는 '심판대에 오른 아우슈비츠'라는 글에서, 과거에 비해 철저함을 잃은 대중 여론과 전범 재판에 대해 피곤해하는 사회 분위기를 가타부타 비판하지 않은 채 덤덤히 기술한다. 독일계 유대인 프리츠 바우어Fritz Bauer가 지방검사장이었던 만큼 프랑크푸르트는 독일의 전반적인 사회 분위기에서 조금은 예외적인 곳이었던지라, 그곳에서 재판이 열렸던 것 같다는 정도의 분석만을 덧붙일 뿐이다.

재판이 열리자 프랑크푸르트 법정은 법치 원칙을 따랐다. 법을 따라 재판하는 게 당연해 보이지만, 여기에는 치명적인 문제가 있었다. 나치는 집권하는 동안 기존 형법을 개정하지 않았고, 따라서 전후에 열린 아우슈비츠 재판도 (나치가 따랐던) 형법을 원칙으로 했다. 그 때문에 프랑크푸르트 법정은 "한 국가는 그 역사의 다른 국면에서 국가가 명령한 것을 처벌할 수 없다"라는 전통적 형법의 권위에 근거를 둔 피고 측의 핵심 주장을 반박할 논리를 찾을 수 없었다.[6]

잔챙이급 전범들의 거물급 잔혹 행위

'심판대에 오른 아우슈비츠'는 1966년 발표되었으니,《예루

살렘의 아이히만》이 출간된 시점보다 대략 3년쯤 뒤의 글
이다. 이 글에서 아렌트는 《예루살렘의 아이히만》과는 다른
논지를 전개하는 것처럼 보인다. 즉 아우슈비츠 강제수용
소에서 근무한 친위대원들은 "각자 좋은 사람이 될지 나쁜
사람이 될지에 대해 스스로 결정할 수 있었다"라고 쓴 것이
다.[7] 아이히만이 스스로 생각하지 못하고, 스스로 결정하지
못하는 사람이었다고 본 것과 대비된다.

아렌트는 친위대원들을 살피며 아이히만과는 다른 그
들의 중요한 특징 한 가지에 초점을 맞춘다. 아우슈비츠 강
제수용소의 각종 규칙과 규정은 원래 책상머리 살인자들에
의해 구상되었다. 애초에 그것들은 (더 낫든, 또는 더 나쁘든)
강제수용소에서 근무하는 친위대원들이 자기 마음대로 수
감자들을 다룰 수 없도록 조절하는 기능을 포함하고 있었
다. 수백만의 사람을 말살하려는 계획은 일탈 행위를 허용
하지 않았으며, 하나의 기계처럼 전체로서 치밀하게 기능하
도록 계획되었다.[8] 그렇지만 실제 현장에서는 관료제적 계
산이나 예측과 정확히 반대되는 방향으로, 다시 말해 완전
히 제멋대로인, 상상을 초월하는 기상천외한 잔혹 행위들이
출몰했다. 아렌트는 아우슈비츠 강제수용소에서 의사로 일
했던 오토 볼켄Otto Wolken의 증언을 인용해 이를 설명한다.

모든 것은 "거의 하루 단위로 변했다. 그것은 그날의 책
임장교에 따라, 점호 지휘자에 따라, 권역 책임자에 따
라, 그리고 그들의 기분에 따라 달라졌다." 다른 무엇보
다 그들의 기분상태에 특히 좌우된 것으로 나타난다.
"어떤 날엔 가능한 일이 이틀 뒤에는 전적으로 불가능했
고 (…) 똑같은 작업의 세칙사항들도 죽음을 부르는 세칙
사항이 될 수 있거나 (…) 아니면 상당히 즐거운 일이 될
수도 있었다."

_《책임과 판단》, 424쪽.

친위대원들의 오르락내리락하는 기분에 따라 수감자들
의 생사가 갈렸다는 이야기다. 살아남은 생존자 중 대부분
은, 어느 날 마침 친위대원 한 사람의 기분이 좋은 덕에 목숨
을 부지할 수 있었고, 그런 날들이 운 좋게 연속되는 바람에
생존할 수 있었다. 아렌트는 절멸을 목표로 한 모든 강제수
용소에 존재했던 돌발성과 우연성에 더해 친위대원들의 변
화무쌍한 기분이 수감자들의 생존과 사망을 결정적으로 나
누었다는 사실을 중요하게 짚는다.[9]

흔히 뉘른베르크 국제군사재판이 '거물급' 전범들을 다
룬 데 비해, 아우슈비츠 재판은 상대적으로 '잔챙이급' 전범
들을 다루었다고 생각하지만, 아렌트는 꼭 그렇지만은 않

다고 주장한다. 이 주장엔 주목할 만한 근거가 있다. 아렌트
는 친위대원들이 강제수용소에 배치되었을 때 그 일이 내키
지 않았다면 얼마든지 자의로 사퇴할 수 있었다고 지적한
다. 설사 그에 따른 불이익이 있다고 해도 '담력이 약하다'라
는 평판 정도였다. 하지만 강제수용소에서 자기 기분에 따
라 잔혹한 범행을 일삼은 친위대원들은 사퇴할 의지가 없었
고, 한술 더 떠 명령서엔 쓰여 있지도 않은 폭력을 마음 내키
는 대로 자행했다. 고위급 나치 장교 중 어떤 이도 토끼몰이,
벙커 감금, 서서 재우기, 모자 사격 같은 세부적인 지시를 내
리지 않았다. 영아들을 공중에 던져 사격 표적으로 삼아보
라고 명령한 이도 없었다.[10] 아닌 게 아니라 자기 기분을 마
음껏 쏟아낼 곳으로 강제수용소를 활용했던 자들이 전범으
로 기소된 것이었다. 그래서 아렌트는 진지하게 의문을 품
는다. 그들의 범죄행위를 과연 '거물급' 전범들보다 작거나
얕다고 판단할 수 있을까.[11]

아우슈비츠 강제수용소의 단 한 사람

아렌트는 아우슈비츠 강제수용소에서 근무했던 의사 가운
데 한 사람 프란츠 루카스Franz Lucas를 소개한다. 그는 아우슈

비츠 강제수용소에서 몇 개월간 근무했을 때도, 아우슈비츠
재판에 피고로 기소되었을 때도 '예외적으로' 행동한 사람이
었다. 그는 프랑크푸르트 법정의 소환 절차에 순순히 응하
고, 법정을 비웃지 않으며, 증인들을 모욕적으로 대하지 않
은 유일한 사람이었다. 그는 강제수용소에서 근무하는 다른
친위대원들이나 의사들이 저질렀을 것으로 생각되는 행동
을 거의 하지 않은 사람이었다. 나치 집권기에도, 나치가 끝
난 뒤에도 예외적인 사람이었다.

　루카스는 아우슈비츠 강제수용소에서 선별 작업에 종
사했다. 그때 그가 '선별'한 몇몇 생존자가 프랑크푸르트 법
정에 증인으로 섰다. "선생님은 최대한 더 많은 유대인 수감
자를 살리려고 노력하셨어요." 물론 정반대의 증언을 한 여
성도 있었다. "저 사람이 내 어머니와 가족을 죽인 사람이에
요!" 그는 루카스가 "어머니는 자기 아기를 안고 있으시오"
라는 명령을 듣고는 어머니가 자기에게 안겨준 아기(사실은
자기 동생)를 빼앗아 어머니에게 되돌려주었다고, 루카스가
그렇게 행동했기 때문에 어머니를 포함해 자기 가족이 모두
죽었다고 증언했다. 당시 아우슈비츠 강제수용소에서는 아
기는 어머니와 함께 죽는 게 규칙이었고, 그래서 아기는
꼭 어머니가 안고 있으라고 명령한 것이었다. 판사는 루카
스에게 이렇게 물어볼 수밖에 없었다. "저 여성을 살리기 위

해 용기를 낸 것입니까?"

루카스는 부인했다. 그는 자기 자신을 변호할 수 있는 절호의 기회조차 활용하지 않는 식으로 또다시 예외의 길을 걸었다. 그리하여 아렌트는 당시 수감자들의 증언을 근거로 그들의 심정에 '빙의'한 다음, '만일 그때 수감자들과 루카스가 대화할 수 있었더라면'이라는 가정 아래 의미심장한 물음을 던진다.

> 그들은 루카스에게, 저 의지가 박약한 데다 악마와 같은 교묘함을 지닌 다른 모든 사람들로부터 자신들을 구해내기 위해서라도, 제발 그곳에 남아서 이동트랩 위의 선별작업(그것은 매일 일어나는 일이었고, 말하자면 일상화된 공포였다)에 참여하는 '개인적' 희생을 감수해달라고 간청했을 것 같지 않은가?
>
> _《책임과 판단》, 422~423쪽.

그때그때의 기분에 좌우되지 않고, 합리적으로 예측할 수 있게 행동하는 '인간다운 인간'이 최소한 단 한 명만이라도 그 공포의 현장에 존재해주기를 소망하는 절박한 마음. 아렌트는 그 마음을 읽어낸다. 이런 게 진정한 '공감' 아닐까.

좋은 사람이 될지
나쁜 사람이
될지에 대해
스스로
결정할 수 있었다.

Responsibility and Judgment, 2003

선도 악도
노력이
필요하다

《칸트의 정치철학》이 따로 있긴 하나, 아렌트는 여러 저서에서 칸트를 숱하게 언급한다. 《책임과 판단》에서도 칸트는 중요하게 호출된다. 이 책에 실린 논문 〈도덕철학에 관한 몇 가지 질문〉은 윈스턴 처칠에게서 시작해 칸트로 화두를 옮긴 다음, 그의 도덕철학을 집중적으로 논의한다. 칸트의 도덕철학을 설명해나가는 아렌트의 글을 읽다 보면 푸근한 사랑, 은혜로운 격려 등이 느껴진다.

아렌트는 우선 자신의 어떤 믿음을 재확인하는 데서 출발한다. "칸트나 다른 어떤 도덕철학자도 인간이 악 자체를 의지will할 수 있다고는 생각하지 않았다"라는 것이다.[12] 아렌트에 따르면 칸트는 위반 행위(범죄)를, 평소 타당하다고 스스로 인정했던 어떤 법규에서 일탈함으로써 만들어지는 예외로 보았다. 칸트가 보기에 누구도 사악해지려고 일부러 의지하지 않는다. 그래서 원하지 않았는데 사악하게 행동한 사람들은 도덕적 부조리 속으로 침몰해 자기 자신 및 자기 자신의 이성과 모순을 일으킨 끝에 자기 경멸에 빠지리라는 게 칸트의 주장이었다. 그런데 여기서 약간의 현실적 문제가 발생할 수 있다. 자기 경멸을 일으키지도 않고, 자기 경멸에 대한 두려움도 없이 악을 저지르는 인간이 현실에는 실제로 존재하기 때문이다. 칸트는 이를 '거짓말하는 능력' 때문에 발생하는 사태로 풀이했다.

유혹에 빠지거나 노력을 기울이거나

칸트는 모든 내적 성향을 단 하나의 개념, 즉 '유혹'으로 정의했다는 게 아렌트의 설명이다. 나쁜 일을 행하게 하는 내적 성향도 유혹이고, 좋은 일을 행하게 하는 내적 성향도 유혹이다. 이를 설명한 다음 아렌트는 인간 본성에 대한 자신의 통찰을 들려준다. 사람들은 유혹에 빠져 선을 행하고, 유혹에 빠져 악을 행한다. 그들이 악을 행하려면 딱히 악한 '의지'

를 품어야 한다기보다는 유혹에 빠지는 활동이 필요하다. 아렌트에 따르면 유혹에 빠지지 않으려는 활동이 노력인 것과 마찬가지로 유혹에 빠지는 활동도 노력이다.

　이러한 생각이 약간 다른 뉘앙스로 니콜로 마키아벨리의 《군주론》에 한 차례 등장했다고 아렌트는 지적한다. 마키아벨리는 "통치자들은 선하지 않게 되는 법을 배워야만 한다"라고 썼다. 아렌트에 따르면 마키아벨리의 이 선언은 사악해지라는 뜻이 아니다. 선하지 않게 되려는 일 또한 '노력을 기울여야' 가능하다는 뜻이다. 바꿔 말해 마키아벨리는 군주가 양쪽으로 향하는 내적 성향을 모두 피하는 방법을 배워야 한다고, 그런 의미에서 정치 원칙에 따라 행동해야 한다고 주장했던 셈이다.

　아무 노력도 하지 않았는데 저절로 선한 일만 하며 살게 되었다고 고백하는 사람이 있을까. 없을 것이다. 반대로 아무 노력도 하지 않았는데 저절로 악한 일만 하며 살게 되었다는 사람도 없을 것이다. 물론 사이코패스나 연쇄살인범 등은 별도의 노력 없이도 악한 일을 저지를 수 있는 사람들일지 모른다. 그러나 우리같이 평범한 사람들은 사이코패스도 연쇄살인범도 아니지 않은가. 그래서 우리는 일견 다행스럽게도, 선한 일이든 악한 일이든 모두 노력을 기울여 이룩하며 살아가고 있는 것이리라.

선한 일이든
악한 일이든 모두
노력을 기울여야
가능하다.

Responsibility and Judgment, 2003

존재하고
참여하며
구성하는 세계

《정신의 삶》은 아렌트의 저서 가운데 특별히 더 까다롭다. 가볍게 읽을 수 있다고 무책임하게 말해선 안 된다. 물론 서양철학의 흐름을 어느 정도 기억하는 사람이라면 좀 덜 힘들 것이다. 하지만 철학을 잘 알지 못하고 철학과 별로 친하지 않은 사람들은 정말 쉽지 않을 것이다. 그렇다면 '철알못(철학을 알지 못하는 사람)' 처지에서 《정신의 삶》을 조금이라도 쉽게 읽는 방법은 없을까.

철학 전공자도 아니고 서양철학사에 거의 문외한인 나에게는 세 가지 준비운동이 필요했다. 첫째는 아렌트가 여러 번 여러 곳에서 강조한 '철학 대 정치'의 대조적 관계를 기억하는 것이다. 엄밀히 말해 아렌트는 철학하기 자체를 거부한다기보다는 철학하는 어떤 철학자들의 태도를 거부하는 것으로 보인다. 일례로 아렌트는 소크라테스의 철학하기는 전혀 거부하지 않는다. 둘째는 성서에서 자주 접하게 되는 추상적 개념인 '영혼soul과 정신mind'을 잠정적으로 구별하는 것이다. 왜 '잠정적'이라고 표현하냐면, 영혼과 정신의 구별에 관한 한 어느 누구도 절대적 기준을 제시할 수 없다고 믿기 때문이다. 아렌트는 《정신의 삶》에서 기독교적 구별을 따르는 듯 보인다. 끝으로 셋째는 '존재와 현상의 일치'라는 관점을 갖추는 것이다. 《정신의 삶》은 존재와 현상을 구별 및 분리하는 서양철학사의 전통을 훑은 다음, 그것과 거리를 두는 한편 (독일 현상학의 관점과 유사하게) 존재와 현상을 일치시킨다. 그러고는 정치를 존재와 현상이 일치된 국면에 두고 다룬다.

　이 세 가지는 이를테면 정신의 삶을 위한 정신의 준비운동이라 할 수 있다. 물론 유일한 준비운동은 아니고, 그냥 하나의 사례에 불과하다. 이 준비운동을 따를지 말지는 독자들의 결정에 맡긴다. 지금부터 하나하나 차근차근 더 자세히 들여다볼 테니 고민해보라!

정치를 거부하는 철학을 거부하다

아렌트는 '정치철학자'로 호명되는 걸 좋아하지 않았다. 아렌트는 철학자들의 사유 태도에 문제의식을 품었다. 사유 전문가로 분류되는 철학자들이, 플라톤과 아리스토텔레스로 대변되는 서양철학사의 첫 번째 시기부터 '사유하기 위해' 현실의 정치 공간을 훌쩍 떠나버리는 태도를 보였기 때문이다. 더욱 근본적인 측면을 짚자면, 철학자들이 자기들 생각에 고급스러운 활동인 명상contemplation에 몰두하고자 정치를 무시하고 혐오했기 때문이다. 고급스러운 사유 전문가를 자처하고 싶었던 철학자들은 저급한 정치를 무시하다가 혐오하기에 이르렀다. 그러므로 엄격히 구별해 다시 표현하자면, 아렌트는 철학 자체를 배격했다기보다는 철학 활동에 종사했던 현학적 '철학자다움'을 배격했다고 볼 수 있다. 마치 '기독교가 문제가 아니라 기독교인들이 문제다'라거나, '유교가 문제가 아니라 유교를 단순하게 현실에 대입하는 사람들이 문제다'라는 태도처럼….

그런데 결과적으로 아렌트는 누가 봐도 철학책으로 분류되어 마땅한 《정신의 삶》을 마지막 저서이자 유고작으로 남겼다. 다시 한번 강조하지만, 아렌트에게는 철학자들이 문제였지 철학이 문제였던 것은 아니다. 이로써 철학자와

철학을 어떻게든 잘 구별해야 한다는 과제가 우리에게 남
았다.

　3부작 중 2권까지만 집필된 미완의 저서인데도, 현대의
철학자들과 철학 연구자들은 《정신의 삶》에 크게 반색하는
듯하다. 아렌트가 일반적 의미의 '철학'으로 결국 회귀했던
것일까. 간단히 그렇다, 또는 아니다로 대답하기는 어렵다.
내 생각이지만, 철학으로의 회귀라고 보는 이들에게 아렌트
는 이렇게 물었을 것 같다. "내가 철학으로 회귀했다고 주장
하는 당신은 이제 철학이 정치를 무시하지 않는다고 생각합
니까?"

우리가 정신을 차릴 수 있는 이유

다음으로 살펴볼 것은 영혼과 정신의 대비다. 영혼과 정신
은 똑같이 눈에 보이지 않는다. 그러나 우리는 그것들이 '있
다'고 믿는다. 따지고 보면 인간의 눈에 보이지 않아도 존재
하는 것들이 많다. 미생물, 박테리아, 코로나19 같은 바이러
스 외에도 산소, 이산화탄소, 우라늄, 플루토늄 등의 원소들
이 눈에 보이지만 않을 뿐 세상을 가득 채우고 있다. 또한 그
것들은 각기 다른 성질을 지닌 채 존재한다. 가령 우라늄이

나 플루토늄 같은 핵물질을 산소와 이산화탄소 같은 기체와
동급으로 다룰 순 없다. 눈에 보이지 않는다는 속성이 같다
고 해서 완전히 동일하게 취급해선 안 되는 것이다. 영혼과
정신의 경우도 마찬가지인 듯하다. 둘 다 비가시적 영역에
있고, 그래서 흔히 혼용하는 경향이 있긴 하지만, 둘은 동일
하지 않으며 동급의 위치에 있지 않다.

아렌트에 따르면 영혼의 비가시성은 몸속 신체 기관의
비가시성에 비유될 수 있다. 인간은 신체 기관의 '유능, 또는
무능function or non-function'을 주도적으로 통제할 수 없는 채로
오직 자각할 수만 있는데, 아렌트는 영혼이 바로 그러한 것
이라고 설명한다. 영혼은 인간이 주관하는 영역이라기보다
는 수동적으로 경험하는 일련의 것들이 어수선하게 얽혀 있
는 상태다. 반면에 영혼과 마찬가지로 비가시적 속성을 지
니지만, 정신은 영혼과 달리 수동적으로 체험되지 않는다.
정신은 인간이 스스로 작동과 중단을 조절할 수 있다. 원한
다면 자율적으로 '정신을 차릴' 수 있다.

영혼과 정신에 대한 이러한 구별은 기독교 신학에서도
확인된다. 그래서일까. '의지'를 다룬《정신의 삶》2권에서
는 바울, 아우구스티누스, 토마스 아퀴나스, 던스 스코터스
Duns Scotus 등 쟁쟁한 기독교 신학자들의 의지론을 접할 수 있
다. 따라서 독자는 아렌트가 혈통으로는 유대인이지만 종교

적으로는 기독교의 영향을 받으며 자라난 유럽인이고, 신학자이자 철학자이자 정신분석학자인 야스퍼스에게 사사한 제자라는 사실을 자연스레 떠올리게 될 것이다.

세계의 의미

아렌트의 정치철학을 현상학에 연결하는 연구자들이 제법 많다. 그러나 우리는 연구자가 아니니까 이 자리에서 에드문트 후설Edmund Husserl의 현상학과 아렌트의 이론을 본격적으로 비교, 논의할 것까지는 없겠다. 아렌트가 후설 현상학에 영향받았다고 분석하는 연구자들이 있다는 사실 정도만 기억하자. 여기에 더해 서양철학은 현상과 존재를 구별해왔고, 그중 존재를 더 근원적인 것이자 더 우월한 것으로 진술해왔다는 것까지 알면 금상첨화다.

아렌트는 '사유'를 다루는 《정신의 삶》 1권에서 존재와 현상을 나누고 서열 짓는 이원적 세계관에 문제를 제기한다. '진정한true 존재', '단순한mere 현상' 따위는 현실 세계에 없다고 강조한다.[13] 어떤 철학자들은 '존재 자체'와 '그 존재가 나타난 것(외부로 보이는 것)'을 존재와 현상으로 나눈 다음, 존재를 더 우월한 것으로 쳤다. 그들은 해를 해(존재)와 햇빛

(현상)으로 나눈 다음, 해에서 햇빛을 떼어내고, 해를 좀 더 근원적인 것으로 간주하는 사유 작업에 천착했다고 볼 수 있다.

하지만 아렌트는 현실 세계에서는 존재와 현상이 일치하지 않는 예를 찾을 수 없다고 단언한다. 아렌트에 따르면 "이 세상에 살아 있는 그 누구도 자신의 존재를 주시하는 목격자를 전제하지 않고는 이 세계에 존재할 수 없다."[14] 예를 들어 A가 존재한다는 사실은, A가 A라는 꼴로 있음을 지각하는 또 다른 존재가 있다는 사실과 같다. 요약하면 존재하는 생명체는 모두 지각의 주체인 동시에 지각의 대상이다. 현실 세계에서는 보고 듣고 느끼고 감각하는 주체가 따로 있고, 보고 듣고 느끼고 감각하는 대상이 따로 있지 않다. 이 세계 속에 살아 있는 모든 생명체는 공히 대상일 뿐 아니라, 스스로 주체다.

우리는 세계 속에 단순히 존재하지 않고 세계의 일부를 구성한다. 우리 역시 세상에 왔다가 가고, 나타났다가 없어지기 때문에 현상이라 말할 수 있다. 우리는 어딘지 모르는 곳에서 왔지만, 우리에게 나타나는 것을 모두 다루고 세계의 운영에 참여할 수 있도록 잘 준비되어 출현했다. 우리가 정신활동에 우연히 참여하고, 플라톤의 비유로 표현하자면 정신의 눈을 뜨기 위해 육체의 눈을 감을 때라도 우리의 특성인 현상은 소멸되지 않는다.

_《정신의 삶》, 70쪽.

한마디 덧붙이자면 이러한 세계관은《사랑 개념과 성 아우구스티누스》에서도 드러난다. 이것은 아우구스티누스의 '창조 신앙에서 기인한' 세계관이기도 하다.

우리는
세계 속에 단순히
존재하지 않고
세계의 일부를
구성한다.

The Life of the Mind, 1978

외로움에서 벗어날
실마리
'하나 속의 둘'

《정신의 삶》 1권은 '사유'를 다룬다. 사유는 생각하는 활동을 가리킨다. 먼저 짚고 넘어갈 것이 있다. 아렌트의 사상체계에서 사유란 '명상'이나 '관조'와 동일한 활동이 아니다. 《정신의 삶》 2권의 주제인 '의지'도 마찬가지다. 아렌트는 사유, 의지, 판단 모두가 명상이나 관조와는 다르다고 생각한 듯하다.

정신의 삶은 공적 영역에서 떠났다는 겉모습만 보면 완전히 명상과 똑같다. 그렇지만 사유는 아렌트가 '하나 속의 둘'로 표현한 정신 구조 안에서 진행되는 활동이다. 다음으로 의지는 정치적 행위의 본질을 이루는 자유(시작)와의 관계 속에서 그 정체가 제대로 드러난다. 끝으로 판단에 대해 아렌트는 어떤 인간이든 홀로 판단하는 게 아니라 공동체의 구성원으로서 판단한다는 점을 지적한다.

정리하면 아렌트의 정치사상체계에서 정신의 삶은 활동적 삶과 똑같이 복수성의 토대 위에서 발생한다. 앞서 1장에서 살펴본 《인간의 조건》은 활동적 삶을 세 가지(노동, 작업, 행위)로 구분한다. 이제 아렌트는 정신의 삶도 세 가지(사유, 의지, 판단)로 구분한다. 그리고 이들을 모두 아우르는 공통분모가 있으니, 바로 복수성이다.

나는 나의 동료다

그렇다면 아렌트는 어떻게 활동적 삶의 토대와 정신의 삶의 토대가 공히 복수성이라는 점을 터득하게 되었을까. 이를 알려면 아렌트가 정신의 삶에 관심을 품게 된 계기를 살펴보아야 한다. 아렌트는 《정신의 삶》 집필 동기를 두 가지로 밝힌다. 첫 번째 동기는 아이히만의 재판 당시부터 관심을 두게 된 '무사유'라는 문제, 또 양심의 가책을 느끼지도 않으면서 '떳떳한 양심'을 지녔다고 주장하는 사람들이 존재하는 현실을 어떻게 바라볼 것인지의 문제다. 두 번째 동기는 활동적 삶Vita Activa을 집중적으로 탐구해《인간의 조건》을 펴낸 이후 맞닥뜨린 것으로, 활동적 삶의 맞은편에 있는 '관조'가 "정신 활동이 멈추는 지점"이라면, 그것은 도대체 무엇인지의 문제다.[15] 두 집필 동기를 한 줄기로 모으면 '정신의 삶은 외부와 절연된 독방에 갇힌 채 정지되어 있는가?' 하는 문제의식으로 갈무리된다.

> 우리가 단지 사유하는 것 이외에 아무것도 하지 않을 때
> 우리는 무엇을 '행하고' 있는 것일까?
>
> _《정신의 삶》, 52쪽.

공화국 로마에서는 '살아 있음'을 단지 숨 쉬고 음식을 먹고 사는 신체적 생명 자체로 이해하지 않았다. 그것은 한 사람이 다른 사람들, 즉 동료들 사이에 존재하는 상태를 가리켰다. 로마식 사유 구조에서는 어떤 사람이 동료 하나 없이 홀로 있다면, '존재하지 않는' 셈이다. '살아 있음'은 곧 정치적 생명을 가리킨다. 내 동료들이 있는 곳에서 내가 살아 있는 것이다.

결론적으로 아렌트에 따르면 사유는 홀로 있되 동료 한 명이 끝내 떠나지 않은 채 같이 있으므로 일어날 수 있는 정신 활동이다. 그 동료란 타인일 수도 있지만, 바로 나 자신일

수도 있다. 그리하여 사유는 '홀로 있으면서 나 자신과 접촉
하는' 것이다. 그것은 '고독solitude'의 상태에서 진행된다.[16] 그
러나 사유하는 사람은 고독하지만 홀로 있지 않다. 물론 그
누구와도 접촉하지 않는 외톨이, 심지어 자기 자신과도 접
촉하지 않는 외톨이가 있을 수 있다. 아렌트에 따르면 이 외
톨이는 '외로움loneliness'에 빠져 있다. 타인에게뿐 아니라 자
신에게도 버림받았기 때문에 외롭다. 외톨이라 할지라도 사
유하기 위해 자기와의 대화를 시작한다면, 바로 그 순간 외
톨이 상태를 벗어난다. '하나 속의 둘'이 되기 때문이다.

경험에서 발생해 경험을 완성하는 사유

아렌트에 따르면 "모든 사유는 경험에서 발생한다."[17] 하지
만 생각하기(사유)의 과정을 거치지 않은 날 것 그대로의 경
험은 의미를 생산하지 못한다. 통일성과 일관성을 형성하지
도 못한다. 경험이 발생한 이후 정신 속에서 그 경험을 생각
하는 활동이 일어나는데, 그런 의미에서 "모든 사유는 뒷궁
리다."[18]

물론 우리는 우연히 앞에 있는 타인이나 무엇에 대해 사

유할 수도 있다. 그럴 때 우리는 은밀하게 주변 사람들로부터 스스로 이탈해 이미 그 자리에 없는 것처럼 행동한다.

_《정신의 삶》, 141쪽.

당신의 친구 중 한 명을 떠올려보라. 그 친구 A와 함께 있을 때 으레 어떻게 행동하는가. 그때 나는 'A에 대해' 생각하기보다는 단지 'A와 함께' 있다. 가령 A와 대화를 나누거나 밥을 먹거나 영화를 보거나 산책하거나 기타 등등 여러 친밀한 활동을 할 것이다. 그러다가 문득 A가 과연 내게 어떤 의미인지 생각하기 시작한다면? 눈앞에 있는 A가 금방 이렇게 물을 것이다. "너, 지금 무슨 생각 하냐?"

A에 대해 생각하려면, 눈앞에서 A를 '없앨' 필요가 있다. 실제로 A를 없앤다는 뜻이 아니라, 머릿속에서 A가 나와 함께 있지 않는 풍경을 마치 가상현실처럼 꾸며내야 한다는 뜻이다. 바로 그것이 사유의 기본 개념이다. 이러한 사유는, 자기 자신과 대화하고자 하는 세상 모든 사람의 머릿속(또는 마음속)에서 언제나, 또 어디서나 시작될 수 있다. 그렇다면 '나는 누구? 여긴 어디?' 같은 질문은 그냥 우스갯소리가 아니라, 사실상 사유를 시작하게 하는 버튼이다. 그럴 때 그 질문을 피하지 말고, 자기 자신과 대화를 시작해보면 어떨까.

그리하여 사유를 개시하기를….

　　사유, 의지, 판단 중에서 '판단'을 다룰 3권은 쓰이지 못한 채 공백으로 남겨졌다. 그래서 여러 아렌트 연구자가 '판단'의 내용을 예견하곤 한다. 그들의 공통된 의견이라면, 판단이 칸트의 '상상하기'와 깊이 연관되어 있다는 것이다. '사유'를 다룰 때 상상하기가 잠깐씩 앞질러 나오곤 하는데, 칸트의 개념 정의에 따르면 그것은 "현전하지 않아도 대상을 직관하는 능력"이며,[19] 이 세상에 태어난 사람이라면 누구에게나 있는 능력이다. (상상하기와 연관된) 판단력은 사유의 전문가를 자처하는 철학자들만 보유하는 능력이 아니라는 것이다. 아렌트는 "비가시적인 것을 다루는 정신의 능력은 일상의 감각 경험을 위해서도 필요하다"라고 강조한다.[20] 생각해보라. 일상생활 속에서 우리가 언제나 가시적인 것, 그러니까 눈에 보이는 것만 골라서 보고, 그것들에 대해서만 이야기하며 사는 건 아니지 않은가.

모든 사유는
경험에서
발생한다.
모든 사유는
뒷궁리다.

The Life of the Mind, 1978

자유는
함께하는 곳에서
빛난다

《정신의 삶》 2권의 주제는 '의지'다. 아렌트는 2권의 서론을 통해, 의지가 근대 이전에는 알려지지 않았거나 알려졌더라도 명료하지 않았다고 설명한다. 그러다가 근대 무렵 자유 문제와 연결되며 부각되었다.

자유 문제는 기독교와 깊은 관계가 있다. 기독교의 등장 이후 자유는 집중적으로 절실하게 사색된다. 세월이 흐르면서 점차 자유 문제는 자유 이데올로기로 부상한다. 이때 기독교가 이해한 자유는 "실제로 노예이며 자신의 수족을 움직일 수 없을 때도 자유롭다고 느낄 수 있는 내적 기질"이다.[21] 이런 식으로 자유와 의지를 최초로 통합한 이가 기독교 신학자인 바울이다.

바울에 따르면 의지(하겠다)는 반의지(안 하겠다)가 방해하지 않는 곳에서는 존재할 수 없다. 방해하는 반의지가 있음으로써 의지의 존재가 입증된다. 반의지가 강하면 의지도 강하게 존재한다. 예를 들어 '운동하러 가야겠다'는 의지를 인식할 때는 '운동하러 가지 않겠다', 또는 '운동하러 가기 싫다'는 반의지에 시달릴 때다. 바울은 이를 기독교인답게 신학적으로 표현한다. "율법에 비추어 보지 않았다면, 나는 죄가 무엇인지 알지 못하였을 것입니다. 율법에 '탐내지 말라' 하지 않았다면, 나는 탐심이 무엇인지 알지 못하였을 것입니다"(〈로마서〉 7장 7절). "나는 내 속에, 곧 내 육신 속에 선한 것이 깃들어 있지 않다는 것을 압니다. 나는 선을 행하려는 의지는 있으나, 그것을 실행하지는 않으니 말입니다. 나는 내가 원하는 선한 일은 하지 않고, 도리어 원하지 않는 악한 일을 합니다"(〈로마서〉 7장 18~19절).

바울처럼 의지에 관심을 기울인 인물이 또 있다. 동시대를 살았으나, 자신의 사상을 글로 기록하지 않은 에픽테토스Epiktētos다. 그 또한 의지와 반의지의 갈등을 깊이 다룬다. 바울과 에픽테토스는 의지를 비슷하게, 또 중요하게 사유하는데, 다만 큰 차이가 있다. 바울은 의지의 무력함을 확신하지만, 에픽테토스는 의지의 전능함을 선언한다.[22]

의지는 미래를 향한다

그렇다면 기독교 이전에는 의지가 보통 어떤 의미였을까. 아리스토텔레스는 의지를 거의 환상 같은 것으로 취급한다. 아리스토텔레스가 보기에 의도된 행위보다 더 우연적인 것은 거의 있을 수 없다. 특히 그가 생각한 '시간' 개념에 따르면, 의지는 아직 있지 않은 것, 발생하지 않은 것과 관련되는데, 따라서 독립된 정신 능력으로 볼 수 없다. 설사 충분히 예측할 수 있을 정도로 개연성이 뚜렷한 상황이라 할지라도 미래의 주요 특징은 인간이 어떻게 해볼 수 없는 '불확실성'이다. 아리스토텔레스는 미래의 가능성(가능태), 즉 의지를 실재에 선행하는 것으로 간주하지 않는다. 그래서 의지의 존재를 의식하려 하지 않고, 의식할 필요도 느끼지 않는다. 그에게서 의지는 물론 자유의지의 개념조차 찾을 수 없다는 사실은, 토머스 홉스를 비롯한 몇몇 철학자가 이미 지적한 바다.[23]

사실 미래를 향하는 의지 개념의 부재는 그리스 철학의 시간 이해와 일치하는 것이기도 하다. 그리스 철학은 순환적 시간 개념과 관계가 깊다. 그리스 철학에는 유대교나 기독교의 신념과 달리 이른바 "신성한 시작", 다시 말해 하느님의 창조 같은 것이 없다.[24] 그리스 철학에서 아직 나타나지 않은 어떤 것은 마치 도토리에 이미 들어 있는 떡갈나무처럼 잠재적으로 존재하는 것, 또는 필연적으로 발전할 만한 것으로 이해된다. 따라서 지금 이후의 순간을 위해 인위적으로 무언가를 만들어낸다는 의미의 의지 활동이 별도로 필요하지 않다. '과거-현재-미래'라는 시간 또한 직선을 그리며 나아가지 않는다. 그리스 철학에서 시간성은 낮과 밤 그리고 여름과 겨울의 반복적 변화처럼 순환적 시간 운동으로 수렴된다.

반면에 기독교는 "신성한 시작" 이후 '타락-죽음-부활(구원)'로 나아가는 직선적 시간 이해를 특징으로 한다. 시간은 순환하지도 않고 반복되지도 않는다. 최초의 기독교 신학자 바울은 결국 '의지'와 '필연적 자유'를 신학사와 철학사를 통틀어 처음으로 발견한 사람이다. 서양 사회는 기독교 사회로 성장하고, 그렇게 세월이 흘러 칸트를 지나면서는 의지가 무려 존재와 동일시되는 경지에 도달한다. 가령 퍼디낸드 캐닝 스콧 쉴러Ferdinand Canning Scott Schiller는 "인간의 내면에는 의지 이외에 다른 능력이 없다"라고, 프리드리히 빌헬름 폰 셸링Friedrich Wilhelm von Schelling은 "궁극적인 최고 수준에서 의지 이외에 다른 존재는 없다"라고 정리한다. 그리고 직선적 역사관의 대표자 게오르크 빌헬름 프리드리히 헤겔에 이르면, 의지가 말 그대로 최정점에 오른다.[25] 헤겔은 정반합

의 변증법으로 유명한데, 의지에 관한 한 기독교 신학자 바
울의 정통 계승자라 할 수 있다.

우리 안에서 나는 할 수 있다

의지와의 관계 속에서 자유가 대두되었음을 살핀 만큼, 이
제 아렌트는 자유를 논의할 무대를 마련한 셈이다. 우선 아
렌트는 철학적 자유와 정치적 자유를 대비한다. 우선 역사
적으로 철학자들이 관심을 보인 자유는 타인들과 함께 있는
가운데 생생히 체험되는 활동으로서의 자유가 아니었다. 그
들은 자유의 의미가 '자유의지'로 살짝 달라지면서부터 관심
을 보였다. 즉 의지의 자유에 대한 철학적 논의가 주야장천
벌어지던 시대에는 자유보다 자유의지가 더 선호되었다.

　　근대에 이르면 철학자들이 이러쿵저러쿵 논의한 자유
의지가 '자유'의 원뜻인 양 정치 영역으로 도로 소환되었다.
1장에서 살펴본 것처럼, 아렌트는 《과거와 미래 사이》에서
페인이나 라파예트 같은 정치 저술가들이 자유를 자유의지
로 치환해 언급했다는 사실을 지적한 바 있다.

　　아렌트는 철학적 자유의지를 부정하지 않는다. 부정하
기는커녕 '의지'를 다룬 《정신의 삶》 2권에서 그것이 정립

되어온 흐름을 설명한다. 중간중간 철학적 자유, 또는 의지
의 자유가 자유의 '전부'가 아니라는 점을 간간이 짚어주면
서…. 그런 다음, 마침내 결론에 이르러 철학적 자유와 정치
적 자유를 웅장하게 대비한다.

> 철학적 자유, 즉 의지의 자유는 고독한 개개인으로서 정
> 치공동체 밖에서 사는 사람들에게만 연관된다. 사람들
> 이 시민이 되는 정치공동체는 법에 의해 형성되고 유지
> 된다. 사람들이 만든 이러한 법은 매우 상이할 수 있고,
> 온갖 형태의 정부를 형성할 수 있다. 그런데 모든 형태
> 의 정부는 이러저러한 방식으로 자기 시민들의 자유의
> 지를 제약한다.
>
> _《정신의 삶》, 587쪽.

　아렌트는 정치적 자유를 자기가 '행하고 싶은' 것을 '행
할 수 있는' 자유로 본다. 정리하면 '나는 의지한다'가 아니라
'나는 할 수 있다'에 더 가깝다. 아렌트는 자유를 자유의지에
서 떼어낸다. 즉 아렌트가 말하는 정치적 자유란 개인 안에
기분이나 의지 같은 형태로 존재하는 것이 아니다. 정치적
자유는 언어와 행위를 통해 서로 교섭하며 살아가는 공동체
안에서 다양한 양상으로 나타난다. 결국 아렌트는 의지 또

한, 앞에서 다룬 사유와 마찬가지로, 인간복수성의 영역에
서만 가능한 활동이라고 제시하는 것이다.

> 일반적 의미의 인간이라기보다는 시민들이 정치적 자
> 유를 소유한다. 그 정치적 자유는 공동체에서만 표명될
> 수 있다. 법, 풍습, 습속같이 매우 많은 심리적 유대관계
> 를 통해 다듬어진 언어 및 행위로 상호 교섭하며 함께
> 살아가는 공동체에서만 나타날 수 있다는 이야기다. 바
> 꿔 말하면, 정치적 자유는 오직 인간복수성의 영역에서
> 만 가능한 것이다.
>
> _The Life of the Mind_ (chapter II Willing), p.200.

일반적 의미의
인간이라기보다는
시민들이
정치적 자유를
소유한다.

The Life of the Mind, 1978

사랑하세요,
그러나
조심하세요

《사랑 개념과 성 아우구스티누스》는 원래 아렌트의 박사논문이었다.[26] 아우구스티누스는 4세기에 활동한 기독교의 교부敎父로, 아렌트가 박사논문을 쓸 무렵에는 신학자이자 철학자로 유명했다. 당연한 말이겠지만 그즈음의 아렌트는 이름난 정치사상가가 아니었다. 대학에서 철학(신학)을 공부하는 스무 살 안팎의 학생이었다. 유럽의 서양철학사는 신학이 빠지면 상당히 빈약해지는데, 이를테면 일반적인 유럽인으로서 아렌트는 마르틴 하이데거와 야스퍼스에게 신학과 철학을 배웠다.

1929년 아렌트는 박사논문을 완성했다. 독일어로 작성,

제출된 이 논문은 아렌트 사후 20년이 지난 1996년 후학들에 의해 영어로 번역, 출간되었다. 두 명의 편집자 조애나 스콧Joanna Scott과 주디스 스타크Judith Stark가 박사논문을 처음 도서관에서 찾아냈을 때는 아렌트가 영문판을 출간하기로 계약한 직후 두 번이나 다듬은 상태였다. 아렌트는 손 글씨로 이런저런 메모를 적어두기도 했고, 타자기를 사용해 이곳저곳에서 문단을 수정하기도 했다. 여담이지만 아렌트의 손 글씨는 해독하기가 무척 힘들었다고 한다. 아마 악필 수준이었나 보다. 지난한 과정을 잘 이겨내준 편집자들에게 박수를 보낸다.

쉽지 않은 작업을 감당하기로 한 편집자들은 E. B. 애슈턴E. B. Ashton이라는 사람이 독일어에서 영어로 거의 직역한 1963년의 영역본과 아렌트가 직접 수정한 내용들을 모두 반영했다. 그 결과《사랑 개념과 성 아우구스티누스》본문에는 '[A:033333]', '[B:033334]' 같은 표시가 종종 나오는데, 아렌트가 영문판 출간 계약 이후 수정한 곳들을 가리킨다. 그중 A로 표시된 것이 비교적 초기의 수정 사항이다. 에슈턴의 영역본, 아렌트의 수정(A와 B)을 종합해낸 결과가 우리가 지금 읽는《사랑 개념과 성 아우구스티누스》다.

아렌트의 사생활과 시대상

박사논문이 나오기까지 아렌트의 '사생활'을 잠깐 살펴보자. 박사과정 당시 하이데거의 제자였던 아렌트는 공부를 마치기 위해 스승의 친구 야스퍼스의 학교로 학적을 옮겼다. 지도교수를 바꾸는 것은 그때나 지금이나 매우 이례적인 일이다. 하지만 그럴 수밖에 없었으니, 아렌트가 유부남인 하이데거와 연애했기 때문이다. 아렌트의 사상보다 연애에 관심이 큰 사람들은 이 이야기를 매우 궁금해할지 모르겠다. 아렌트가 이 일을 직접 언급한 적은 한 번도 없다고 하는데, 상투적으로 표현하자면 하이데거는 바람둥이 유부남이었고, 아렌트는 총명한 애제자쯤 되었던 것 같다. 어린 여학생 아렌트가 저명한 교수 하이데거에게 잘못 걸려들었던 것 같기도 하다. 어떤 이들은 단순한 연애가 아니라, 권력관계에 따른 성착취나 성폭력이었다고 목소리를 높이기도 한다.

개인적인 추측이지만, 누구나처럼 아렌트도 실수했던 것이 아닐까 싶다. 세월은 흘러흘러 아렌트가 하이데거보다 먼저 세상을 떠났다. 갑작스러운 사망 이후 아렌트의 책상에서 사람들이 발견한 것은 다름 아닌 세 사람의 사진이었다. 어머니, 남편 그리고 하이데거의 사진.[27]

곁가지 이야기지만, 한국의 근대화 시기에 조강지처 두

고 버젓이 신여성을 사귀는 지식인들이 많았다고 하는데, 20세기 초반 유럽의 지성인들 사이에서도 비슷한 일이 꽤 자주 행해졌던 것 같다. 말하자면 결혼 바깥에서의 '자유연애'가 제법 많았다는 것이다('권장할 만한 것'은 아니었겠지만). 신학자 카를 바르트Karl Barth와 여비서 샤를로테 폰 키르슈바움Charlotte von Kirschbaum, 극작가 브레히트와 이른바 '브레히트의 뮤즈'로 불렸던 여인들 그리고 사르트르와 보부아르 커플 등 많은 이가 결혼과 별개로 아무렇지 않게 연애를 즐겼다. 사회학자 베버도 저명한 페미니스트 아내 마리아네 베버Marianne Weber를 두고 외도를 자행했다고 한다. 미국에서 아렌트와 친하게 지낸 신학자 파울 틸리히Paul Tillich도 아내 외에 힐데 프랑켈Hilde Frankel이라는 애인이 따로 있었다. 틸리히는 힐데와 친한 아렌트를 두고 "힐데의 한나H. H."라고 불렀다고 하는데,[28] 대담한 건지 뻔뻔한 건지 모르겠다. 아마 아렌트도 시대의 흐름에서 예외가 아니었던 듯하다. 물론 올바른 행동이었다는 뜻은 아니다.

갈망의 사랑과 명령의 사랑

이제 《사랑 개념과 성 아우구스티누스》를 본격적으로 살펴

보자. 아렌트에 따르면 아우구스티누스의 사랑 개념은 그
핵심에 '갈망_{craving}'을 둔다. 아우구스티누스가 말하는 이른
바 숭고한 느낌의 사랑도 갈망에서 출발하고, 어딘가 저속
한 느낌의 사랑도 마찬가지로 갈망에서 출발한다. 아우구스
티누스의 사랑 개념은 갈망을 기본값으로 삼는다.

갈망은 현재 자기에게 결핍된 것을 갖고자 하는 욕구에
서 출발해, '소유가 예견된 미래'를 내다보며 미래에 대한 기
대를 품고 움직이는 것을 뜻한다.[29] 이때 무엇을 갈망하는지
에 따라 사랑의 성격과 차원이 달라질 수 있다. 아우구스티
누스는 이렇게 경고한다.

> "사랑하세요. 그러나 당신이 사랑하는 게 무엇인지 조심
> 하세요." 이는 올바른 대상을 향하는 것이 올바른 사랑이
> 라는 점을 강조하는 경고 문구이기도 하다.
>
> _Love and Saint Augustine_, p.17.

아렌트는 사랑 개념 전반에 대한 관심과 더불어, 기독
교 신학자로서 아우구스티누스가 강조해 마지않는 '이웃사
랑'에 매우 큰 흥미를 느낀다. 기독교에서는 이웃사랑을 두
가지의 큰 계명 중 하나로 이해한다(〈마태복음〉 22장 35~40절,
〈마가복음〉 12장 28~34절, 〈누가복음〉 10장 25~28절). 이웃을 사

랑하는 일은 종교적 계명, 다시 말해 명령이다. 그러니까 혹시 내가 이웃을 갈망하지 않는다고 할지라도 나는 이웃을 사랑해야만 하는 것이다. 기독교인이라면 이웃사랑에 대한 갈망이 자연스럽게 떠오를 때까지 기다려서는 안 된다. 심지어 예수는 그냥 이웃이 아니라 '원수'를 사랑하라고까지 명령한다(《마태복음》 5장 44절).

아렌트는 아우구스티누스가, 갈망 없이도 계명이라서 이행해야 하는 이웃사랑 또한 (갈망을 핵심에 둔) 사랑의 테두리 안에서 설명하려 했다고 본다. 그 때문에 아우구스티누스의 사랑 개념에 비정합성disjointedness이 나타났다고 지적한다.[30] 그러나 아렌트는 비정합성을 문제 삼지 않는다. 오히려 아우구스티누스의 삶을 알면 얼마든지 비정합성을 이해할 수 있다고 설명한다. 아렌트는 다만 '이러한 비일관성들이 어째서 나타나게 되는가?' 그리고 '체계적 사유 방식으로는 납득하기 어려운 모순들로 어떻게 이어지는가?'라는 질문에 초점을 맞춘다. 아렌트는 다음과 같이 제안한다.

> 우리는 그러한 모순들을 있는 그대로 놔둬야 하며, 그것들이 모순들로서 이해되도록 해야 하고 그리고 그것들의 저변에 놓인 것이 무엇인지를 파악해야 한다.
>
> _《사랑 개념과 성 아우구스티누스》, 63쪽.

아렌트는 아우구스티누스가 이웃사랑을 자신의 사랑 개념으로 포섭해 설명하려는 와중에 생겨나는 모순을 지적하거나 비판하기보다는 오히려 있는 그대로 살펴보고자 한다. 그것이 아마도 박사논문을 출간하며 편집자들이 언급한 '독일 현상학과 기독교적 실존주의의 합'이라는 아렌트의 방법론일 것이다. 이 방법론을 통해 아렌트는 '무언가'를, 인간의 실존에 깊이 관련되어 있는 '무언가'를 드러내려 한다. 어쩌면 '인간의 조건' 같은 것인지 모른다.

올바른 대상을
향하는 것이
올바른 사랑이다.

Love and Saint Augustine, 1929

인간의 조건과
세계사랑의
시작

《사랑 개념과 성 아우구스티누스》의 옮긴이는 아렌트가 사랑 개념을 분석할 때 중요하게 사용한 두 라틴어 '큐피디타스cupiditas'와 '카리타스caritas'를 각각 '탐욕'과 '자애'로 번역했다. 그런데 탐욕과 자애는 사랑의 태도를 가리키는 어감이 강하다. '어떻게'의 의미가 우선 느껴지는 것도 같다. 그러나 아우구스티누스는 두 단어를 통해 '어떻게'의 의미뿐 아니라 '무엇을'의 의미도 사유했다. 그런 점에서 탐욕과 자애는 사랑의 태도 못지않게 사랑의 대상에 주목했던 아우구스티누스의 의도를 절반쯤만 담아내는 듯하다. 이런 한계가 있지만, 오류라거나 잘못된 번역이라고 하기는 어렵다. 한국 문화는 사랑을 포괄적으로 이해해 해당 개념을 굉장히 폭넓게 사용해왔으므로, 탐욕과 자애가 궁리 끝에 찾아낸 최선의 단어들이었을 것이다. 실제로 우리말에는 한자어를 쓰지 않는 한 탐욕, 자애, 집착 등과 딱 맞아떨어지는 단어가 없다.

그래서일까. 아렌트 연구자인 김선욱은 큐피디타스와 카리타스를 그대로 음차해 쓰자고 제안했다. 그는 자신의 제안을 토대로 《사랑 개념과 성 아우구스티누스》를 새로 번역했다. 일종의 편역編譯인데, 원서를 장절 단위로 분철한 다음 자기가 생각하는 논리적 순서를 따라 재편집하는 수고까지 감당했다.[31] 하지만 큐피디타스와 카리타스는 한국인의 머릿속에 아무 이미지도 불러일으키지 못한다. 혹시 큐피디타스와 카리타스를 그리스어 '에로스'와 '아가페'로 설명하면 어떨까 싶지만, 또 다른 문제가 있다. 대중적으로 많이 쓰이는 '에로 영화'라는 단어 때문에 에로스가 성적sexual 차원의 사랑으로만 비좁게 이해될지 모른다. 아우구스티누스는 큐피디타스를 그처럼 '비좁게' 이해하지 않았다. 그래서 나는 큐피디타스를 '현세적 집착'으로, 카리타스는 '초월적 애착'으로 구분하면 어떨까 생각한다. 한 단어로 똑떨어지게 옮기면 좋겠지만 불세출의 문학가도 언어학자도 아닌 나로서는 능력 밖의 일이다.

큐피디타스와 카리타스

여기까지만 읽으면, 아우구스티누스가 아주 엄격하게 의미를 구분하며 시종일관 엄밀하게 사랑 개념을 다루었을 거라고 생각할 만하다. 그런데, 죄송하지만, 아니다. 아우구스티누스는 이 두 단어는 물론이거니와 흔히 '우애'나 '우정'으로 구분해 번역되는 라틴어 '딜렉티오dilectio'까지 포함한 무려 세 개 단어를 자주 혼용하는 상당히 유연한 융통성을 발휘했다.[32] "아니, 선생님! 어차피 혼용하실 거면서 왜 애써 골치 아프게 구분하셨습니까?" 하는 볼멘소리가 절로 튀어나온다. 그러나 생각해보라. 예민하고 섬세하게 구분한 다음에 자유롭게 혼용하기와 애초부터 구분 없이 포괄적으로 혼용하기, 이 둘은 똑같지 않다는 것을….

이제 다시 한번 확인하자. 과연 어떤 사랑인가. 아우구스티누스는 현세적 집착을 뜻하는 큐피디타스를 잘못된 사랑으로, 초월적 애착을 뜻하는 카리타스를 올바른 사랑으로 여겼다. 현세적인 것을 움켜쥐려 애쓰고, 움켜쥔 다음엔 잃어버릴세라 두려워하는 사랑은 올바르지 않다고 보았다. 초월적 애착으로서 카리타스는 신, 즉 하느님을 향한다. 아우구스티누스는 인간이 '만들어진 존재'라는 점에서 자기 자신 안에 원천을 갖고 있지 않다고 지적했다. 인간의 원천은 인간의 바깥, 즉 인간을 창조한 신에게 있다. 따라서 인간이 올바로 사랑하려면 자신의 원천을 사랑해야 한다. 그리고 그 중심에 '갈망'이 있다.

이웃에게서 볼 수 있는 것

이웃사랑은 초월적 애착으로서 카리타스와 관계된다. 아렌트에 따르면 아우구스티누스가 말하는 이웃사랑은 두 가지 기본적인 관계를 전제한다. 즉 이웃을 사랑할 때, 하나는 신의 방식으로 사랑해야 한다는 것이고, 다른 하나는 자기가 자신을 사랑하듯 사랑해야 한다는 것이다(《누가복음》 10장 27절). 다시 말해 이웃사랑은 신과 자기 자신을 동시에 떠올려야만 실천할 수 있는 사랑이다. 먼저 나는 인간의 원천으로서 신을 염두에 두고 이웃을 바라보아야 한다. 그러면 이웃이 나와 동일한 운명을 지닌 존재로 보일 것이다. 내가 원하지 않았는데도 이 세계 안에 태어난 것처럼, 이웃도 자기 의사와 상관없이 태어난 존재다. 나는 어쩌다가 이 세계, 이 지구에 태어났는지 대답할 수 없는데, 이웃도 마찬가지다.

이로써 이웃의 정체가 드러난다. 곧 '나도 창조된 존재, 너도 창조된 존재'라는 인식이 생겨난다. 탄생과 죽음이 나에게도, 이웃에게도 동일하게 주어져 있음을 알게 된다. 이 실존적 동질감은 '동료'라는 느낌을 불러일으킨다.

한편 신과의 관계에서 초월적 애착(사랑)을 실천하는 사람은 자신의 원천을 추구한다. 그는 자신의 원천이 이 세상을 초월해 있는 신임을 인식하고, 그래서 자신과 거리를 두는 단계로 나아간다. 초월적 애착의 경지로 뻗어 올라가 인간인 자신의 유한한 실존을 살펴봄으로써, 현세의 자기, 즉 실질적 자기를 망각해야 할 필요를 느끼는 것이다. 그러면서 현세의 자기가 이 세계에 실제로 존재하기 전에는 어떠했는지 돌아보거나, 이후에 어떠할지 내다본다. 다시 말해 자기의 실질적·현세적 존재를 사랑 속에서 이탈하려는 현상이 일어난다. 영원한 신을 갈망할 때 말이다.

이웃을 바라보는 순간 나는 이웃 안에서 '이웃의 원천으로서 이웃 안에 살아 있는 신'을 발견할 수 있다. 바로 그때 이웃사랑이 일어난다. 그런데 이 부분에서 함정에 빠지면 안 된다. 이웃사랑을 다만 '이웃 안에 살아 있는 신'을 사랑하는 것으로 이해하면, 개별 이웃이 누구이고 성격이 어떠한지 등 그 사람 자체에 대해 신경 쓸 필요가 없어진다. 내 안에도 살아 있고 이웃 안에도 살아 있는 신을 사랑하기만 하면 되기 때문이다.[33] 하지만 이웃사랑 개념은 이것이 아니다. 기독교의 이웃사랑은 이를테면 '당신 안에 계시는 신을

존중합니다'라는 뜻을 포함한 힌두교의 인사말 '나마스테'와
는 결이 다르다. 기독교의 이웃사랑은 이웃 안에 있는 신을
사랑하는 일이 아니다. 성격과 속성이 나와 다른, 실재하는
개인으로서 이웃을 사랑하는 일이다.

그 이웃은 도대체 어떤 이웃인가. 나처럼 '독보적 존재'
인 동시에 '세계 내 존재'다. 때로 나랑 죽이 잘 맞기도 하고,
때로 내게 못되게 굴기도 하고, 때로 서로 무관심하게 살아
가기도 하는, 이 세상 속 수많은 보통 사람이다. 나처럼 이
세계에 들어와 살고 있고, 이 세계를 이루는 존재다.《사랑
개념과 성 아우구스티누스》에서 의미 있게 수행된 '세계와
인간'에 대한 관계 설정은 앞서 살펴본《정신의 삶》에서도
나타난 바 있다. 세계와의 관계로 볼 때 모든 개인은 다만
'세계 속in the world'에 존재하는 것이 아니라, '세계의 일부분
of the world'으로 존재한다.[34]

이 지점에서 이웃의 의미가 세계로 확장된다. 아우구스
티누스가 모든 사람을 하나로, 다시 말해 이웃사랑의 대상
으로 묶는 데는 우연한 유사성 이상의 것이 있다. 바로 기독
교 창조 신앙의 주요 인물인 '아담'을 계승하는 모종의 친족
관계 위에 구축된 유사성이다. 이 세상에 태어난 모든 개인
은 아담에게서 시작된 죽을 운명, 즉 '필멸성'을 공유한다. 쉽
게 말해 이 세계에 태어난 사람은 반드시 죽어서 이 세계를

떠난다. 그런 의미에서 세계 속 존재들이자 세계를 구성하는 각 개인은 다른 개인들에게 "숙명의 동반자"다.[35] 사는 동안 숙명의 동반자가 없는 개인은 있을 수 없다. 개인은 이 세계에서 단독으로 살아가지 않는다. 반드시 이웃과 함께 살아간다. 스스로 의식하든 의식하지 못하든 말이다.

사랑이 시작되는 곳, 세계

아우구스티누스에 따르면 이웃은 두 가지 상반된 의미로 나에게 다가온다. 이웃의 기원이 두 갈래로 갈라져 있는 까닭이다. 하나는 나에게 신의 은총을 감사하게 하는 계기로 작동하는 이웃이다. 그는 나와 함께 인류 족속의 한 일원이자, 동료다. 다른 하나는 죄의 구렁텅이에 빠져 허우적거리는 자로서, 위험을 경고하는 이웃이다. 이웃이 위험신호를 보내는 순간에는, 적어도 나는 그와 한통속으로 죄를 짓고 있지는 않다. 아무 접점이 없는 서로 다른 개체다. 그런데 이 두 의미는 완전히 동떨어져 있지 않다. 한 명의 이웃이 두 가지 상반된 의미를 동시에 내포하는데, 어쩌면 둘 사이를 수시로 오간다고도 볼 수 있다. 인간은 이웃을 보며 신의 은총에 대한 감사 그리고 죄에서 구원받아야 할 필요를 재삼재

사 깨닫는다. 바로 이것이 아렌트가 박사논문에서 중요하게
다룬 '이웃의 적실성the relevance of the neighbor'이다.

그런데 '이웃의 적실성'의 탐구 과정은 인간 실존의 조
건, 다시 말해 인간의 조건the human condition을 발견하는 과정
이라고도 할 수 있다. 어떤 이웃인지 탐구하는 일은, 이 세계
안에 살아가면서 동시에 이 세계를 이루고 있는 인간 종족
의 일원으로서 나와 이웃의 실존을, 서로 다른 생명체로서
사람들을 탐구하는 일이기도 하기 때문이다.

아우구스티누스는 종족의 일원으로서 인간을 바라볼
뿐 아니라, 각자가 개별 개체로서 '신 앞에 있는Coram Deo' 상
황을 바라보았다. 요컨대 '더는 나뉠 수 없는 개체'로서 '개
인individual' 개념을 발견했다. 이 개인은 독립적으로 살며 고
립되어 있다. 자기 자신에게 일어난 일을 자기 자신이 처리
하며 살아간다. 아렌트에 따르면 신학자로서 아우구스티누
스는 바로 이러한 의미의 개인을 발견했기 때문에, 이웃의
발견으로 나아갈 수 있었다. 개인은 저마다 고립되어 자신
의 원천인 신을 추구한다. 다시 말해 신을 사랑한다. 이는 현
세적이고 실질적인 자기 자신을 사랑하는 일과 거리를 두는
활동이다. 영원을 지향하기 때문이다. 그런 한편 개인은 세
계를 바라보며 자신의 처지와 비슷하게 이 세계 안에서 살
아갈 뿐 아니라 이 세계를 이루고 있는 또 다른 이웃들을 응

시한다. 고립되어 초월적 존재를 사랑하는 사람은 철저히 고립된 개인으로 존재하지만, 그토록 철저히 고립된 개인으로 존재하기 때문에 이웃사랑을 시작할 수 있다.

> 우리가 타자를 만날 수 있는 것은 단지 양자가 공히 저 인간족속에 속하기 때문이지만, 오로지 신의 현전 속 개인의 고립상태를 통해서만 그는 우리의 이웃이 된다.
>
> _《사랑 개념과 성 아우구스티누스》, 281~282쪽.

아우구스티누스에 따르면 고유한 개성을 발휘하는 개인으로 존재하는 일과 공동체 안에서 저마다 이웃을 발견하는 일은 기독교 신앙 안으로 포섭되는 가운데 통일된다. 인간은 자기 개인의 실존적 생명의 원천으로서 신을 사랑하고 영원을 지향할 때 모든 현세적 의존관계에서 풀려나 독립을 구축하는데, 바로 그 지점에서 고립된다. 그렇지만 바로 그렇게 고립되는 바람에 세계 안에서 나처럼 살아가는 또 다른 고립된 개인, 즉 이웃이 있음을 인식한다. 이로써 인간에게 자기 자신을 사랑하듯 이웃을 사랑할 수 있는 가능성이 장착된다. 내 원천을 올바르게 사랑하듯, 나 자신을 사랑하듯, 내 이웃을 사랑할 수 있는 가능성이다.

그러면 이웃사랑이 시작되는 '이곳'은 과연 어디일까. 두

말하면 잔소리, '세계'다. 이 세계는 지구 행성이라는 물질적
의미의 세계일 수도 있고, 산소를 마시고 이산화탄소를 내
뱉는 유기체 중 하나로서 자기도 모르게 참여한 세계일 수
도 있다. 또는 인간이라는 각각의 존재가 서로를 감각적으
로 확인하며 주체적으로 인식하는 세계일 수도 있고, 자유
롭고 다양한 방식으로 참여하다가 죽음을 계기로 참여를 종
료하는 실존적 세계일 수도 있다. 세계의 의미를 반드시 하
나로 확정할 필요가 있을까. 굳이 그럴 필요는 없을 것 같다.
중요한 점은 아렌트는 나와 이웃이 같이 있는 세계를 정치
적 공간으로 간주한다는 것이다. 이 세계란 이웃만 있고 내
가 없는 곳도 아니며, 나만 있고 이웃이 없는 곳도 아니다.
아렌트는 이 세계에서 인간들이 저마다 다른 개인으로서,
또 동등하고 든든한 동료로서 이웃사랑을 주고받을 수 있다
고 믿은 듯하다. 이 믿음은 본격적인 정치이론서《인간의 조
건》에서 '세계사랑*Amor Mundi*'이라는 희망찬 개념으로 빛난다.

모든 개인은
다만 세계 속에
존재하는 것이
아니라
세계의 일부분으로
존재한다.

Love and Saint Augustine, 1929

주

한나 아렌트 저서

《공화국의 위기》, 김선욱 옮김, 한길사, 2011.
《과거와 미래 사이》, 서유경 옮김, 한길사, 2023.
《라헬 파른하겐》, 김희정 옮김, 텍스트, 2013.
《사랑 개념과 성 아우구스티누스》, 서유경 옮김, 필로소픽, 2022.
《어두운 시대의 사람들》, 홍원표 옮김, 한길사, 2019.
《예루살렘의 아이히만》, 김선욱 옮김, 한길사, 2006.
《유대인 문제와 정치적 사유》, 홍원표 옮김, 한길사, 2022.
《이해의 에세이 1930~1954》, 홍원표 외 옮김, 텍스트, 2012.
《인간의 조건》, 이진우 옮김, 한길사, 2019.
《전체주의의 기원 1, 2》, 이진우·박미애 옮김, 한길사, 2006.
《정신의 삶》, 홍원표 옮김, 푸른숲, 2019.
《정치의 약속》, 김선욱 옮김, 푸른숲, 2007.
《책임과 판단》, 서유경 옮김, 필로소픽, 2019.
《칸트의 정치철학》, 김선욱 옮김, 한길사, 2023.
《혁명론》, 홍원표 옮김, 한길사, 2004.

Love and Saint Augustine, The University of Chicago Press, 1996.
The Life of the Mind (chapter II Willing), A Harvest Book Harcourt Inc., 1978.
The Origins of Totalitarianism, A Harvest Book Harcourt Inc., 1994.

프롤로그 • 외로움이 정치를 만날 때

1   김만권, 〈한나 아렌트와 외로움, 그리고 '대화형' 인공지능〉, 《Oughtopia》 제38권 제1호, 2023, 6쪽.

2   2023년 9월 출간된 《난간 없이 사유하기: 한나 아렌트의 정치 에세이》는 제외했다. 집필은 물론이고 편집도 거의 마무리된 시기에 출간되었기 때문이기도 하거니와 무엇보다 이 책에서 다룬 핵심 저서들과 동시대에 발표된 42편의 에세이를 묶은 것이기 때문이다. 즉 그 내용이 이미 이 책에 (또 이 책에서 인용한 아렌트의 저서들에) 잘 녹아 있다.

3   Hannah Arendt, *The Human Condition*, The University of Chicago Press, 1998, p.246.

1장 • 인간이라는 문제

1   한나 아렌트, 이진우 옮김, 《인간의 조건》, 한길사, 2019, 102~103쪽.

2   같은 책, 281쪽.

3   같은 책, 194쪽.

4   같은 책, 165쪽.

5   같은 책, 342~355쪽.

6   예수의 일화 중에 '사과(회개)한다면'이라는 전제가 붙은 경우도 있다(〈누가복음〉 17장 3~4절). 그래서인지 아렌트는 사과가 빠져 있는 〈마태복음〉만 예시한다.

7   앞의 책, 2019, 346쪽.

8   한나 아렌트, 김선욱 옮김, 《정치의 약속》, 푸른숲, 2007, 132~137쪽.

9   같은 책, 134쪽.

10 같은 책, 33쪽.

11 같은 책, 40쪽.

12 같은 책, 118~119쪽.

13 Elisabeth Young-Bruehl, *Hannah Arendt For Love of the World* (Second Edition), Yale University Press, 2004, p.473.

14 한나 아렌트, 서유경 옮김, 《과거와 미래 사이: 정치사상에 관한 여덟 가지 철학 연습》, 한길사, 2023, 209쪽.

15 같은 책, 396쪽.

16 같은 책, 287쪽.

17 같은 책, 292~293쪽.

18 같은 책, 294쪽.

19 Hannah Arendt, *Between Past and Future*, Penguin Books, 2006, p.167.

20 같은 책, 312쪽.

21 같은 책, 321쪽.

2장 • 정치라는 문제

1 Hannah Arendt, *The Origins of Totalitarianism*, A Harvest Book Harcourt Inc., 1994, p.301.

2 Ibid., p.474.

3 한나 아렌트, 이진우·박미애 옮김, 《전체주의의 기원 2》, 한길사, 2006, 76쪽.

4 〈석방된 전광훈 목사 "나를 구속하고 선거 조작하려 했다"〉, 《크리스천투데이》, 2020.04.20.

5 앞의 책, 2006, 125쪽.

6 Op. cit., 1994, pp.376~377, 413.

7 앞의 책, 2006, 30~31쪽.

8 실제로 2020년 해당 글만으로 구성된 한국어 번역본인 《발터 벤야민: 1892~1940》이 출간되었다.

9 한나 아렌트, 홍원표 옮김, 《어두운 시대의 사람들》, 한길사, 2019, 66쪽.

10 같은 책, 106쪽.

11 같은 책, 120~121쪽.

12 한나 아렌트, 김선욱 옮김, 《칸트의 정치철학》, 한길사, 2023, 68쪽.

13 앞의 책, 2019, 170쪽.

14 Hannah Arendt, *Men in Dark Times*, A Harvest Book Harcourt Brace & Company, 1995, p.79.

15 '기축 시대', 또는 '굴대 문명'은 역사상 처음으로 인간이 세속 영역을 넘어 초월 영역을 바라본 시대, 그래서 이 두 영역 사이의 긴장을 감지한 문명이 여러 곳(이스라엘, 페르시아, 중국, 인도 등)에서 의미 있게 나타난 시대를 가리킨다.

16 박영신, 〈베버의 그늘 밑에서: '굴대 문명' 관심의 되살림과 그 쓰임〉, 《사회 이론》 제58호, 2020, 7~8쪽.

17 앞의 책, 2019, 193쪽.

18 같은 책, 201쪽.

19 같은 책, 217쪽.

20 《베르길리우스의 죽음》은 서양문학사에서 위대한 라틴어 문학가 중 한 사람으로 추앙받는 시인 푸블리우스 베르길리우스를 주인공으로 한 소설이다. 어마어마하게 난해하다고 정평이 나 있는 《베르길리우스의 죽음》을 읽는 건 어쩌면 난제 중의 난제일지 모른다. 하지만 누구나 얼마든지 브로흐의 작품을 즐길 수 있으니, 독서욕이 불타오르는 독자라면 도전해볼 것을 권한다. 진심 못 읽을 작품도 아니다. 이야기는 뱃멀미에 시달리며 배 안에 누워 있는 베르길리우스의 모습을 묘사하며 시작된다. 순전히 내 개인적인 의견이지만, 표도르 도스토옙스키의 《카라마조프가의 형제들》을 재미있게 읽은 사람이라면 브로흐의 소설도 진짜 재미있게 읽을 수 있으리라 믿는다.

21 한나 아렌트, 홍원표 외 옮김, 《이해의 에세이 1930~1954: 한나 아렌트 텍스트 선집》, 텍스트, 2012, 278쪽.

22 앞의 책, 2019, 267쪽.

23 같은 책, 266쪽.

24 같은 책, 280쪽.

25 같은 책, 281쪽.

26 같은 책, 283~285쪽.

27　같은 책, 333쪽.

28　같은 책, 286쪽.

29　이처럼 안타깝기도 하고 답답하기도 한 베냐민의 이야기는 영화 〈대서양을 건너는 사람들(Transatlatic)〉에 잘 묘사되어 있다. 이 영화는 제2차 세계대전 당시 유럽의 지식인들을 미국으로 구출해낸 '긴급구조위원회'의 실제 활동을 그린다. 긴급구조위원회를 주도했던 베리언 프라이(Varian Fry)의 일기에 기초한 영화라 베냐민에게만 집중하지는 않아도, 그의 성품을 흥미롭게 살펴볼 수 있다.

30　앞의 책, 2019, 409쪽.

31　같은 책, 414쪽.

32　Op. cit., 1995, p.266.

33　앞의 책, 2019, 432쪽.

34　Elisabeth Young-Bruehl, *Hannah Arendt: For Love of the World* (Second Edition), Yale University Press, 2004, p.436.

35　한나 아렌트, 윤철희 옮김, 《한나 아렌트의 말: 정치적인 것에 대한 마지막 인터뷰》, 마음산책, 2016, 29쪽.

36　〈난민 2세 김웬디, '첫 외국인 씨름 선수'의 꿈 이루다〉, KBS, 2023.07.15.

37　한나 아렌트, 홍원표 옮김, 《유대인 문제와 정치적 사유》, 한길사, 2022, 270쪽.

3장 · 공동체라는 문제

1　한나 아렌트, 홍원표 옮김, 《혁명론》, 한길사, 2004, 93쪽.

2　같은 책, 116쪽.

3　진관타오·류칭펑, 양일모 외 옮김, 《(중국 근현대사를 새로 쓰는) 관념사란 무엇인가 1: 이론과 방법》, 푸른역사, 2010, 65쪽.

4　앞의 책, 2004, 117쪽.

5　이혜경, 〈량치차오와 '혁명' 개념의 전변: 「청의보」, 「신민총보」 시기를 전

후하여〉, 이혜경 외, 《1905년 러시아 혁명과 동아시아 3국의 반응》, 서울대
학교출판문화원, 2016, 200쪽.

6   앞의 책, 2004, 120쪽.

7   미국에서 '폭력론'은 《공화국의 위기》로 묶이기 전에 'On Violence'라는 제
목의 단행본으로 먼저 출간되었고, 지금도 판매 중이다. 《폭력의 세기》라는
한국어 번역본도 있었으나, 절판된 지 오래다.

8   한나 아렌트, 김선욱 옮김, 《공화국의 위기: 정치에서의 거짓말·시민불복
종·폭력론》, 한길사, 2011, 170쪽.

9   에릭 베르네르, 변광배 옮김, 《폭력에서 전체주의로: 카뮈와 사르트르의 정
치사상》, 그린비, 2012, 14~42쪽.

10 Hannah Arendt, *On Violence*, Harcourt Brace Javanovich, 1970, p.43.

11 노벨재단 홈페이지에서 'The Quest for Peace and Justice'라는 제목의 수상
소감 전문을 읽어볼 수 있다.

12 앞의 책, 2011, 94쪽.

13 한나 아렌트, 김선욱 옮김, 《칸트의 정치철학》, 한길사, 2023, 105쪽.

14 같은 책, 138쪽.

15 같은 책, 151~152쪽.

16 같은 책, 153쪽.

4장 • 이해라는 문제

1   한나 아렌트, 김선욱 옮김, 《예루살렘의 아이히만》, 한길사, 2006, 404쪽.

2   같은 책, 51쪽.

3   같은 책, 380~382쪽.

4   같은 책, 168쪽.

5   이들의 이야기는 실화를 바탕으로 한 소설 《아무도 미워하지 않는 자의 죽
음》에서 생생히 살펴볼 수 있다. 숄 남매의 누나이자 언니이고, 백장미단의
일원이었던 잉게 숄(Inge Scholl)이 썼다.

6   앞의 책, 2006, 178쪽.

7   같은 책, 179쪽.

8   〈아렌트는 아이히만에 속았다〉,《한겨레21》제1046호, 2015.01.27.

9   앞의 책, 2006, 371쪽.

10   같은 책, 392쪽.

11   한나 아렌트, 김희정 옮김,《라헬 파른하겐: 어느 유대인 여성의 삶》, 텍스
     트, 2013, 100쪽.

12   같은 책, 120쪽.

13   같은 책, 102쪽.

14   Adrienne Rich, *On Lies, Secrets, and Silence: Selected Prose 1966~1978*, W.
     W. Norton & Company, 1979, p.212.

15   앞의 책, 2013, 15쪽.

16   같은 책, 22쪽, 56쪽.

17   장필화,〈여성학, 그 변화의 시작과 과제〉,《대학교육》제114권, 2001, 87쪽.

18   이재경,〈여성학은 어떤 학문인가?〉, 이재경 외,《여성학: 여성주의 시각에
     서 바라본 또 다른 세상》, 미래M&B, 2007, 14~15쪽.

19   한나 아렌트, 홍원표 외 옮김,《이해의 에세이 1930~1954: 한나 아렌트 텍
     스트 선집》, 텍스트, 2012, 142쪽.

20   김선욱,《한나 아렌트와 차 한잔: 그의 사상과 만나다》, 한길사, 2021, 9쪽.

21   앞의 책, 2012, 393쪽.

22   같은 책, 629쪽.

23   같은 책, 477쪽.

24   같은 책, 485쪽.

5장 · 세계라는 문제

1   조천호,《파란하늘 빨간지구: 기후변화와 인류세, 지구시스템에 관한 통합
     적 논의》, 에코리브르, 2019, 63쪽.

2   한나 아렌트, 서유경 옮김, 《책임과 판단》, 필로소픽, 2019, 278~279쪽.

3   같은 책, 280쪽.

4   앤서니 기든스, 홍욱희 옮김, 《기후변화의 정치학》, 에코리브르, 2009, 148쪽.

5   조지 마셜, 이은경 옮김, 《기후변화의 심리학: 우리는 왜 기후변화를 외면하
     는가》, 갈마바람, 2018, 279~280쪽.

6   앞의 책, 2019, 415쪽.

7   같은 책, 426쪽.

8   같은 책, 423쪽.

9   같은 책, 430쪽.

10   같은 책, 418쪽.

11   같은 책, 428쪽.

12   같은 책, 145쪽.

13   Hannah Arendt, *The Life of the Mind* (chapter I Thinking), A Harvest Book
     Harcourt Inc., 1978, p.23.

14   한나 아렌트, 홍원표 옮김, 《정신의 삶: 사유와 의지》, 푸른숲, 2019, 66쪽.

15   같은 책, 51쪽.

16   같은 책, 136쪽.

17   같은 책, 153쪽.

18   같은 곳.

19   같은 책, 138쪽.

20   같은 책, 172쪽.

21   같은 책, 337쪽.

22   같은 책, 420쪽.

23   같은 책, 343~346쪽.

24   같은 책, 349쪽.

25   같은 책, 352쪽.

26   사실 아렌트는 대부분의 유럽인처럼 '어거스틴(Augustine)'이라고 썼지만,
     한국어 번역본은 '아우구스티누스(Augustinus)'로 옮겼다.

27   Elisabeth Young-Bruehl, *Hannah Arendt For Love of the World*(Second

Edition), Yale University Press, 2004, xlviii.

28 Ibid., p.241.

29 한나 아렌트, 서유경 옮김, 《사랑 개념과 성 아우구스티누스》, 필로소픽, 2022, 66쪽.

30 Hannah Arendt, *Love and Saint Augustine*, The University of Chicago Press, 1996, p.6.

31 김선욱, 《한나 아렌트와 차 한잔: 그의 사상과 만나다》, 한길사, 2021.

32 앞의 책, 2022, 129~130쪽.

33 같은 책, 249쪽.

34 Op. cit., 1978, p.22.

35 앞의 책, 2022, 257쪽.

외로운 사람들을 위한 정치 수업

한나 아렌트, 성난 개인들의 시대에서 인간성 회복의 정치로

초판 1쇄 인쇄 2023년 10월 18일
초판 1쇄 발행 2023년 10월 25일

지은이 이인미
펴낸이 이승현

출판2 본부장 박태근
지적인 독자 팀장 송두나
편집 김광연
디자인 윤정아

펴낸곳 ㈜위즈덤하우스   **출판등록** 2000년 5월 23일 제13-1071호
주소 서울특별시 마포구 양화로 19 합정오피스빌딩 17층
전화 02) 2179-5600   **홈페이지** www.wisdomhouse.co.kr

ⓒ 이인미, 2023

ISBN 979-11-6812-828-6 03100